全国工会工作指导用书

中国工会会员法律知识应知应会

300条

（全新修订版）

张安顺◎编著

人民日报出版社

图书在版编目（CIP）数据

中国工会会员法律知识应知应会300条 / 张安顺编著.
--北京：人民日报出版社，2023.10
　　ISBN 978-7-5115-8008-5

　　Ⅰ.①中⋯　Ⅱ.①张⋯　Ⅲ.①法律–中国–问题解答
Ⅳ.①D920.5

　　中国国家版本馆 CIP 数据核字（2023）第 193152 号

书　　　名：中国工会会员法律知识应知应会 300 条
　　　　　　ZHONGGUO GONGHUI HUIYUAN FALÜ ZHISHI YINGZHIYINGHUI 300 TIAO
作　　　者：张安顺

出 版 人：刘华新
责任编辑：刘天一
封面设计：陈国风

出版发行：人民日报出版社
地　　　址：北京金台西路 2 号
邮政编码：100733
发行热线：（010）65369527　65369846　65369509　65369510
邮购热线：（010）65369530　65363527
编辑热线：（010）65369844
网　　　址：www.peopledailypress.com
经　　　销：新华书店
印　　　刷：北京柯蓝博泰印务有限公司

开　　　本：170mm×240mm　　1/16
字　　　数：250 千字
印　　　张：15.75
版次印次：2024 年 1 月第 1 版　　2024 年 1 月第 1 次印刷

书　　　号：ISBN 978-7-5115-8008-5
定　　　价：69.80 元

前 言

　　民众的法治信仰和法治观念，是依法治国的内在动力，更是法治中国的精神支撑。加强法治宣传教育，让法律知识走进千家万户，营造全民尊法、学法、守法、用法的良好社会氛围　提高全民法治素质，是推进依法治国基本方略，建设中国特色社会主义法治体系，建设社会主义法治国家的一项基础性工作。

　　宣传普及法律知识的重要对象是广大工会会员。开展对工会会员的法治教育，对于增强工会会员的法治意识和法治素养，提高工会会员通过法定程序和法治方式表达利益诉求、维护自身合法权益的能力，依法化解劳动关系矛盾，构建和发展和谐劳动关系，促进社会和谐稳定有着重要的意义。为了满足对工会会员开展法治教育的需要，我们组织编写了此书。本书采用问答形式，介绍宪法、民法典等法律法规中与工会会员权益密切相关的知识，结构合理，详略得当，条理清晰，简明实用，便于工会会员学习使用，是工会会员学习法律知识的有益读物。

　　本书在编写过程中参考了有关书籍和资料，在此向有关作者表示诚挚感谢。

目 录

一、法律基础知识

1. 什么是法律？ / 001

2. 什么是法治？ / 001

3. 我国的法律渊源有哪些？ / 002

4. 什么是法律规范？法律规范分哪几种？ / 004

5. 法律关系的构成要素是什么？ / 006

6. 法律事实包括哪些？ / 008

7. 如何理解法律效力？ / 008

8. 违法的构成要素有哪些？ / 010

9. 什么是法律责任？ / 010

10. 法律责任的种类有哪些？ / 011

二、宪法相关知识

11. 为什么说宪法是国家的根本大法？ / 013

12. 宪法的基本原则是什么？ / 014

13. 我国的国体和政体是什么？ / 015

14. 为什么说人民代表大会制度是我国的根本政治制度？ / 015

15. 全国人民代表大会行使哪些职权？ / 016

16. 全国人民代表大会常务委员会行使哪些职权？ / 017

17. 我国有哪些机关可以立法？ / 017

18. 哪些事项只能由法律进行规定？ / 019

19. 我国国家机关的组织活动原则有哪些？ / 019

20. 社会主义经济制度的基础是什么？ / 020

21. 我国的基本经济制度是什么？ / 020

22. 我国宪法对公共财产的保护是如何规定的？ / 021

23. 我国宪法对公民私有财产的保护是如何规定的？ / 021

24. 社会主义初级阶段的分配原则是什么？ / 021

25. 我国宪法规定公民的基本权利有哪些？ / 022

26. 我国公民的基本义务是什么？ / 023

27. 我国对选民资格是如何规定的？ / 024

28. 各级人民代表大会代表如何产生？ / 024

29. 人民代表大会代表享有的权利有哪些？应履行哪些义务？ / 025

三、民法典相关知识

30. 什么是民法典？ / 026

31. 民事主体包括哪些？ / 026

32. 民事主体从事民事活动应当遵循的原则有哪些？ / 027

33. 《民法典》关于自然人的民事权利能力和民事行为能力是如何规定的？ / 027

34. 监护人如何确立？ / 029

35. 监护人的职责是什么？ / 030

36. 什么情况下可以撤销监护人资格？ / 031

37. 哪些情形下监护关系终止？ / 032

38. 《民法典》关于宣告失踪的规定是什么？ / 032

39. 《民法典》关于宣告死亡的规定是什么？　/033

40. 法人有哪些特征？　/035

41. 法人的类型有哪些？　/035

42. 法人成立的条件和法定代表人有什么规定？　/037

43. 法人的终止和解散有什么规定？　/038

44. 民事权利的分类有哪些？　/038

45. 民事法律行为成立的条件是什么？　/040

46. 民事法律行为的形式是什么？　/040

47. 民事法律行为有效的条件是什么？　/041

48. 哪些民事法律行为无效？　/042

49. 可撤销的民事法律行为有哪些？　/042

50. 民事法律行为无效与被撤销的法律后果是什么？　/043

51. 代理分哪几种？　/043

52. 民事责任的构成要件是什么？　/044

53. 承担民事责任的方式有哪些？　/044

54. 诉讼时效是什么意思？　/045

55. 诉讼时效期间是如何规定的？　/046

56. 诉讼时效中止的情形有哪些？　/046

57. 诉讼时效中断的情形有哪些？　/047

58. 不适用诉讼时效的情形有哪些？　/047

59. 不动产登记机构应当履行哪些职责？　/048

60. 哪些事项由业主共同决定？　/048

61. "共有"有哪些特征？分哪些种类？　/049

62. 如何理解居住权？　/050

63. 哪些财产可以抵押？哪些财产不能抵押？　/050

64. 合同一般包括哪些条款？　/051

65. 哪些情形下，格式条款无效？　/052

66. 如何行使不安抗辩权？ / 053

67. 什么是情势变更？ / 053

68. 合同如何解除？ / 054

69. 无因管理的构成要件是什么？ / 055

70. 无因管理中的管理人有哪些义务？ / 056

71. 不当得利的构成要件是什么？ / 057

72. 不当得利的返还范围是什么？返还的除外情形有哪些？ / 057

73. 人格权包括哪些内容？ / 058

74. 婚姻家庭关系的基本原则是什么？ / 060

75. 亲属、近亲属及家庭成员指的是什么？ / 061

76. 结婚的基本条件是什么？ / 061

77. 关于婚姻无效与可撤销婚姻的规定 / 062

78. 夫妻间的权利和义务有哪些？ / 063

79. 哪些财产为夫妻共同财产？哪些财产为夫妻一方的个人财产？ / 064

80. 婚姻关系存续期间夫妻共同财产可以分割吗？ / 064

81. 关于离婚条件的规定 / 065

82. 关于离婚冷静期的规定 / 065

83. 关于离婚经济补偿、离婚损害赔偿的规定 / 066

84. 继承有哪几种方式？ / 067

85. 法定继承人的范围和顺序是什么？ / 068

86. 法定继承的遗产分配原则是什么？ / 068

87. 遗嘱的形式有哪些？ / 069

88. 侵权责任的特征有哪些？ / 071

89. 一般侵权责任的构成要件是什么？ / 072

90. 关于损害赔偿的规定有哪些？ / 073

四、刑法相关知识

91. 我国刑法的任务是什么？ / 075

92. 我国刑法的基本原则是什么？ / 075

93. 什么是犯罪？犯罪构成有哪 4 个要件？ / 076

94. 我国刑法关于刑事责任年龄是怎样规定的？ / 077

95. 精神病人犯罪需要负刑事责任吗？ / 077

96. 什么是故意犯罪？什么是过失犯罪？ / 078

97. 什么是不可抗力和意外事件？ / 078

98. 正当防卫应当符合哪些条件？ / 078

99. 紧急避险应当符合哪些条件？ / 079

100. 我国刑罚的种类有哪些？ / 079

101. 缓刑的适用条件是什么？ / 080

102. 减刑的适用条件与限度是什么？ / 081

103. 假释的适用条件和考验期限是什么？ / 082

104. 刑事案件的追诉时效期限是多少？ / 082

五、行政法相关知识

105. 如何理解行政法与行政行为？ / 084

106. 行政许可有哪些特征？ / 085

107. 公民、法人或者其他组织在行政许可过程中有哪些权利？ / 085

108. 哪些事项可以设定行政许可？ / 085

109. 如何提出行政许可申请？ / 086

110. 行政强制措施的种类有哪些？ / 087

111. 行政强制执行的方式有哪些？ / 087

112. 行政机关实施行政强制措施应当遵守哪些规定？ / 088

113. 行政处罚的种类有哪些？ / 088

114. 行政处罚决定书应当载明哪些事项？ / 089

115. 治安管理处罚的种类有哪些？ / 089

116. 治安管理处罚决定书应当载明哪些内容？ / 090

117. 哪些情形下，公民、法人或者其他组织可以申请行政
复议？ / 090

118. 申请行政复议的期限是多久？ / 091

119. 申请行政复议应提交哪些材料？ / 092

120. 行政复议机关应当在多长时间内作出复议决定？ / 094

121. 复议决定的种类有哪些？ / 094

六、经济法相关知识

122. 公司有哪些特征？ / 095

123. 设立有限责任公司应当具备哪些条件？ / 096

124. 有限责任公司股东会有哪些职权？ / 097

125. 有限责任公司董事会有哪些职权？ / 097

126. 有限责任公司监事会有哪些职权？ / 098

127. 有限责任公司经理有哪些职权？ / 098

128. 股份有限公司股东大会有哪些职权？ / 099

129. 《公司法》关于职工代表进董事会有什么规定？ / 099

130. 《公司法》关于职工代表进监事会是怎样规定的？ / 100

131. 消费者有哪些权利？ / 100

132. 经营者使用的格式条款、通知、声明、店堂告示是否
有效？ / 102

133. 消费者和经营者发生消费者权益争议的，可以通过哪些途径
解决？ / 102

134. 《食品安全法》的适用范围是什么？ / 103

135. 食品安全标准应当包括哪些内容？ / 103

136. 食品生产经营应当符合哪些要求？ / 104

137. 广告的基本准则是什么？ / 105

133. 广告不得有哪些情形？ / 106

139. 医疗、药品、医疗器械广告不得含有哪些内容？ / 106

140. 保健食品广告和酒类广告不得含有哪些内容？ / 107

七、劳动法相关知识

141. 劳动关系有哪些特征？ / 108

142. 在没有劳动合同的情况下，劳动关系如何认定？ / 109

143. 劳动者的基本权利和基本义务是什么？ / 109

144. 《劳动法》对劳动行政部门的监督检查有什么规定？ / 110

145. 用人单位侵犯劳动者人身权利应承担什么责任？ / 110

八、工会法相关知识

146. 工会的性质是什么？ / 111

147. 劳动者加入工会的基本条件和基本程序是什么？ / 111

148. 工会会员有哪些权利？履行哪些义务？ / 113

149. 工会的根本活动准则是什么？ / 114

150. 工会的基本职责是什么？ / 115

151. 《工会法》关于产业工人队伍建设改革有什么规定？ / 115

152. 工会的组织原则是什么？ / 116

153. 《工会法》对工会组织系统的规定是什么？ / 116

154. 建立工会组织需要报上一级工会批准吗？ / 117

155. 可以随意撤销、合并工会组织吗？ / 117

156. 工会专职工作人员怎样设置？ / 117

157. 工会是法人吗？ / 117

158. 《工会法》对工会干部保护有哪些规定？ / 118

159. 工会有哪些权利？ / 118

160. 工会有哪些义务？ / 120

161. 企业、事业单位、社会组织违反劳动法律法规规定、侵犯职工劳动权益的，工会应当怎么办？ / 121

162. 基层工会组织的会员大会或者会员代表大会的职权是什么？ / 121

163. 基层工会委员会的基本任务是什么？ / 122

164. 工会经费的来源有哪些？工会经费主要用于哪些方面？ / 123

165. 基层工会经费收支管理应当遵循哪些原则？ / 124

166. 基层工会经费支出的范围是什么？ / 125

167. 工会经费审查委员会如何设立？ / 128

九、就业促进法相关知识

168. 劳动就业有哪些特征？ / 130

169. 我国的劳动就业方针是什么？ / 130

170. 《就业促进法》关于平等就业权是怎样规定的？妇女享有与男子平等的就业权利吗？ / 131

171. 关于残疾人就业的特殊保障有哪些？ / 132

172. 什么是就业困难人员？如何对就业困难人员实施就业援助？ / 133

173. 禁止招用童工的相关规定 / 134

174. 残疾人就业的方针是什么？ / 135

175. 用人单位对残疾人就业承担什么责任？ / 135

十、劳动合同法相关知识

176. 建立劳动关系是否要订立劳动合同？ / 137

177. 不签订书面劳动合同有哪些法律后果？ / 137

178. 签订劳动合同之前，用人单位要告知劳动者哪些情况？ / 138

179. 用人单位招用劳动者，可以要求劳动者提供担保吗？ / 138

180. 用人单位制定劳动规章制度的基本程序是什么？ / 139

181. 劳动合同里需要写明哪些内容？ / 139

182. 劳动合同期限有哪几种？ / 140

183. 什么是试用期？试用期期限多长？ / 141

184. 用人单位可以与劳动者约定服务期吗？ / 142

185. 竞业限制仅限于用人单位的哪些人员？ / 142

186. 用人单位与劳动者约定"养老保险费由职工自理"的协议是否有效？ / 143

187. 哪些情况下，劳动者可以单方解除劳动合同？ / 143

188. 哪些情况下用人单位可以单方解除劳动合同？ / 144

189. 在哪些情形下，用人单位可以裁减人员？ / 145

190. 劳动者在哪些情形下，用人单位不得解除劳动合同？ / 145

191. 用人单位解除劳动合同是否应当将理由事先通知工会？ / 146

192. 哪些情形下用人单位应向劳动者支付经济补偿？经济补偿标准是多少？ / 146

193. 用人单位未依法出具解除劳动合同证明需要承担法律责任吗？ / 147

194. 什么是劳务派遣？经营劳务派遣应当具备哪些条件？ / 147

195. 劳务派遣只能在哪些岗位实施？ / 148

196. 用工单位应当对被派遣劳动者履行哪些义务？ / 148

197. 与全日制用工形式相比，非全日制用工有什么特点？ / 149

十一、职业培训法律规定相关知识

198. 什么是职业培训和职业教育？ / 151

199. 职业培训包括哪些基本内容？ / 152

200. 职业学校教育分为哪些？ / 152

201. 企业在职业教育中的职责是什么？ / 153

202. 如何推行中国特色学徒制？ / 153

203. 职业学校如何设立？可以依法开展哪些活动？ / 154

204. 职业培训机构的设立必须符合哪些条件？ / 155

205. 职业教育经费如何保障？ / 155

206. 我国职业资格证书分为几个等级？ / 156

207. 企业职工教育培训经费如何提取？如何使用？ / 158

十二、工资、工时法律制度相关知识

208. 如何提高高技能领军人才的经济待遇？ / 159

209. 如何完善符合技术工人特点的企业工资分配制度？ / 159

210. 工资支付有什么规定？ / 160

211. 什么是特殊情况下工资支付？ / 161

212. 加班加点工资标准是怎样规定的？ / 161

213. 确定和调整最低工资标准应当综合参考哪些因素？ / 162

214. 在计算最低工资时应当剔除哪些项目？ / 162

215. 停工停产期间工资如何支付？ / 163

216. 劳动者的法定工作时间是多少？ / 163

217. 用人单位在什么情形下应当缩短劳动者的工作时间？ / 164

218. 对哪些职工可以实行不定时工作制？ / 164

219. 对哪些职工可以实行综合计算工时工作制？　/ 165

220. 关于用人单位延长工作时间的相关规定　/ 166

221. 劳动者法定节假日有哪些？　/ 166

222. 年休假的规定主要有哪些？　/ 167

十三、安全生产法相关知识

223. 安全生产工作的基本方针是什么？　/ 169

224. 安全生产工作的基本原则是什么？　/ 171

225. 我国安全生产工作机制是什么？　/ 171

226. 生产经营单位在安全生产方面的基本职责是什么？　/ 173

227. 生产经营单位的主要负责人对本单位安全生产工作负有哪些职责？　/ 173

228. 从业人员的安全生产权利和义务有哪些？　/ 174

229. 工会在安全生产方面的主要职责是什么？　/ 175

十四、职业病防治法相关知识

230. 什么是职业病防治法？　/ 176

231. 我国职业病防治工作的方针和机制是什么？　/ 177

232. 用人单位在职业病防治工作方面的基本职责是什么？　/ 178

233. 工作场所的职业卫生要求是什么？　/ 179

234. 用人单位应当采取哪些职业病防治管理措施？　/ 179

235. 劳动者可以选择哪些医疗卫生机构进行职业病诊断？　/ 180

236. 职业病诊断需要哪些资料？　/ 180

237. 职业病病人可以享受哪些待遇？　/ 180

238. 《职业病防治法》对职业健康检查有什么规定？　/ 182

239. 《职业病防治法》对职业健康监护档案有什么规定？　/ 182

十五、女职工劳动保护特别规定相关知识

240. 女职工在怀孕期间用人单位可以解除劳动合同吗？ / 183

241. 劳动合同中可以规定限制女职工结婚、生育的内容吗？ / 183

242. 为了保护女职工身心健康及下一代的健康成长，用人单位不得安排女职工从事哪方面的工作？ / 183

243. 用人单位不得安排女职工在经期从事哪些劳动？ / 184

244. 女职工在孕期禁忌从事的劳动范围是什么？ / 184

245. 女职工在哺乳期禁止安排从事哪些劳动？ / 186

246. 女职工孕期劳动保护的措施有哪些？ / 187

247. 关于女职工的生育期保护有哪些规定？ / 187

248. 关于女职工哺乳期的保护措施有哪些？ / 188

249. 用人单位应当采取哪些措施预防和制止对妇女的性骚扰？ / 188

250. 用人单位在招录（聘）过程中，不得实施哪些歧视妇女的行为？ / 189

251. 《妇女权益保障法》关于女职工特殊劳动保护有什么规定？ / 189

252. 工会女职工委员会的基本任务是什么？ / 190

十六、集体合同与民主管理法律规定相关知识

253. 签订集体合同应当遵守哪些原则？ / 192

254. 集体合同包括哪些内容？ / 193

255. 集体协商代表如何产生？ / 193

256. 集体协商代表应当履行哪些职责？ / 194

257. 集体协商的基本程序是什么？ / 194

258. 职工民主管理的形式有哪些？ / 195

259. 职工代表的人数及组成比例是如何规定的？ / 196

260. 职工代表大会有哪些职权？ / *196*

261. 企业工会委员会作为职工代表大会工作机构，应履行哪些职责？ / *197*

262. 职工代表享有哪些权利、履行哪些义务？ / *198*

263. 厂务公开应当遵守哪些原则？ / *199*

264. 企业应当向职工公开哪些事项？ / *199*

十七、社会保险法相关知识

265. 我国社会保险的方针是什么？ / *201*

266. 劳动者在社会保险方面的权利和义务有哪些？ / *201*

267. 基本养老保险费怎样缴纳？ / *202*

268. 关于基本养老保险基金与个人账户是怎样规定的？ / *203*

269. 关于基本养老保险待遇是如何规定的？ / *203*

270. 建立企业年金的条件是什么？ / *204*

271. 关于企业年金的缴费、基金、个人账户、领取是如何规定的？ / *205*

272. 职业年金怎样缴费？如何领取？ / *206*

273. 职工基本医疗保险费如何缴纳？ / *207*

274. 基本医疗保险统筹基金和个人账户怎样组成？有什么规定？ / *207*

275. 哪些医疗费用不纳入基本医疗保险基金支付范围？ / *208*

276. 工伤保险费怎样缴纳？ / *209*

277. 工伤应当怎样认定？ / *209*

278. 职工因工受伤或者患职业病，如何进行工伤认定？ / *210*

279. 什么是劳动能力鉴定？劳动功能障碍分几个等级？ / *212*

280. 职工因工伤发生的哪些费用，应按照国家规定从工伤保险基金中支付？ / *212*

281. 职工因工伤发生的哪些费用，应按照国家规定由用人单位支付？ / *213*

282. 关于职工因工死亡的补助是如何规定的？ / *213*

283. 失业保险的缴费比例是多少？ / 214

284. 关于失业人员领取失业保险金的条件、期限、标准是如何规定的？ / 214

285. 生育保险费怎样缴纳？生育保险待遇包括哪些？ / 215

十八、法律援助法相关知识

286. 法律援助工作应坚持的原则是什么？ / 217

287. 法律援助机构的设立及其职责有什么规定？ / 217

288. 法律援助的形式有哪些？ / 217

289. 申请刑事法律援助条件是什么？ / 218

290. 哪些事项的当事人，因经济困难没有委托代理人的，可以向法律援助机构申请法律援助？ / 219

291. 哪些法律援助申请人可以免予核查经济困难状况？ / 220

十九、劳动争议调解仲裁法相关知识

292. 劳动争议有哪些特点？ / 221

293. 劳动争议调解仲裁法的适用范围是什么？ / 221

294. 劳动争议处理的原则和基本方式是什么？ / 222

295. 劳动争议调解组织有哪些？ / 223

296. 企业劳动争议调解委员会的职责是什么？ / 224

297. 劳动争议仲裁委员会应当如何设立？其职责是什么？ / 224

298. 如何申请劳动争议仲裁？ / 225

299. 仲裁庭的仲裁期限是多长？ / 226

300. 劳动者对仲裁裁决不服的，可以向人民法院起诉吗？ / 227

参考书目 / 228

一

法律基础知识

1.什么是法律?

法律是由国家制定和认可的、体现统治阶级意志的、以权利和义务为主要内容的、并由国家以其强制力保证实施的社会行为规范的总和。

法律的基本特征包括 4 个方面。(1)法律是调整人的社会行为规范。(2)法律是由国家制定或者认可的行为规范。(3)法律是以权利和义务为主要内容的行为规范。(4)法律是以国家强制力保证实施的行为规范。

2.什么是法治?

法治,是与人治相反之概念,是指以民主为前提和基础,以严格依法办事为核心,以制约权力为关键的社会管理机制、社会活动方式和社会秩序状态。"法治"与"宪政"紧密相关,其内涵不单是要求所有人民守法,更侧重于法律对政府权力的控制和约束。

法治的优越性是相对于人治而言的,而这种优越性主要体现在以下几个方面。

第一,法治社会的法律作为成文的衡量是非对错的标准,由于没有特别针对某一部分人群,所以具有普遍适用性。

第二，由于条文明确规范，所以能够约束社会每个人和每个组织的行为。

第三，法律不随时间或者具体应用情况而改变，这些保证了法律的公正性和权威。

第四，法治社会的法律出发点为保证每个社会成员的基本权利和自由，这为法律制定的本身提供了正当性。

第五，法治有监督体系，能有效地防止个人专断和腐败。

第六，法治能客观地反映和作用于市场经济。因为市场经济要求主体平等、交换自由与主权明确，要求合法权利得到可靠保障，而这些只有通过实现法治才能全面达到。

第七，法治是民主政治的基石。没有民主的制度化、法律化，民主就没有保障，也不能发展。要建设民主政治，就必然要实行法治。尽管这还需要有一个过程，但最终走向法治是不可避免的。

3.我国的法律渊源有哪些?

法律渊源，也就是法律的效力渊源，指一定的国家机关依照法定职权和程序制定或者认可的具有不同法律效力和地位的法律的不同表现形式，即根据法的效力来源不同，而划分的法的不同形式，如制定法（包括宪法、法律、行政法规等）、判例法、习惯法、法理等。在我国，对法的渊源的理解，一般指效力意义上的渊源，主要是各种制定法。

我国的法律渊源主要有以下几方面。

（1）宪法。是由全国人民代表大会依特别程序制定的具有最高效力的根本法。宪法是我国的根本大法，在我国法律体系中具有最高的法律地位和法律效力，是我国最高的法律渊源。

（2）法律。是指由全国人民代表大会和全国人民代表大会常务委员会制定颁布的规范性法律文件，即狭义的法律，其法律效力仅次于宪法。法律分为基本法律和一般法律（非基本法律、专门法）两类。基本法律是由全国人民代表大会制定的调整国家和社会生活中带有普遍性的社会关系的规范性法律文件的统称，如刑法、民法、诉讼法以及有关国家机构的组织法等法律。一般法律是由全国人民代表大会常务委员会制定的调整国家和社会生活中某种具体社会关系或其中某一方面内容的规范性文件的统称。其调整范围较基本法律小，内容较具体，如商标法、文物保护法等。

（3）行政法规。是国家最高行政机关国务院根据宪法和法律就有关执行法律和履行行政管理职权的问题，以及依据全国人大的特别授权所制定的规范性文件的总称。其法律地位和法律效力仅次于宪法和法律，但高于地方性法规和法规性文件。

（4）地方性法规。是指依法由有地方立法权的地方人民代表大会及其常委会就地方性事务以及根据本地区实际情况执行法律、行政法规的需要所制定的规范性文件。地方性法规只在本辖区内有效。《中华人民共和国宪法》（以下简称《宪法》）第100条规定："省、直辖市的人民代表大会和它们的常务委员会，在不同宪法、法律、行政法规相抵触的前提下，可以制定地方性法规，报全国人民代表大会常务委员会备案。设区的市的人民代表大会和它们的常务委员会，在不同宪法、法律、行政法规和本省、自治区的地方性法规相抵触的前提下，可以依照法律规定制定地方性法规，报本省、自治区人民代表大会常务委员会批准后施行。"

（5）民族自治地方的自治条例和单行条例。是指根据《宪法》和《中华人民共和国民族区域自治法》的规定，民族自治地方的人民代表大会有权依照当地民族的政治、经济和文化的特点，制定自治条例和单行条例。其适用范围是该民族自治地方。

（6）特别行政区的法律、法规：香港、澳门在不违背全国人大制定的该特别行政区的基本法的前提下制定的法律、法规。

（7）规章。是指国务院各部、委员会、中国人民银行、审计署和具有行政管理职能的直属机构，以及省、自治区、直辖市人民政府和设区的市的人民政府所制定的规范性文件称规章。内容限于执行法律、行政法规，以及相关的具体行政管理事项。

（8）国际条约和行政协定。国际条约指我国与外国缔结、参加、签订、加入、承认的双边、多边的条约、协定和其他具有条约性质的文件。行政协定指两个或两个以上的政府相互之间签订的有关政治、经济、贸易、法律、文件和军事等方面内容的协议。

4.什么是法律规范？法律规范分哪几种？

法律规范，是指国家制定或认可，反映统治阶级意志，并由国家强制力保证实现的一种社会规范。它是构成法的体系的最基本细胞。

法律规范通常由 3 个部分组成，即假定、处理、制裁。它们构成法律规范的 3 个要素。假定，指适用规范的必要条件。每一个法律规范都是在一定条件出现的情况下才能适用，而适用这一法律规范的这种条件就称为假定。处理，指行为规范本身的基本要求。它规定人们的行为应当做什么、禁止做什么、允许做什么。制裁，指对违反法律规范将导致的法律后果的规定。如损害赔偿、行政处罚、经济制裁、判处刑罚等。

按照不同的标准，可以把法律规范划分为不同的种类。

按照法律规范的行为模式的不同，可以分为授权性规范、义务性规范和禁止性规范。

（1）授权性规范，是规定人们可以为一定的行为或者不为一定的行为，以及可以要求他人为一定的行为或者不为一定的行为的法律规范。

（2）义务性规范，是规定人们必须积极作出一定行为的法律规范。

（3）禁止性规范，是规定禁止人们作出一定行为或者必须不为一定行为的法律规范。

按照法律规范强制性的程度，可以分为强制性规范和任意性规范。

（1）强制性规范，是指法律规范所确定的权利和义务十分明确、肯定，不允许有任何方式的变更或违反的法律规范。强制性规范表现为义务性规范和禁止性规范两种形式，或者说义务性规范和禁止性规范绝大部分都属于强制性规范。

（2）任意性规范，是指法律规范允许法律关系的参加者在一定的范围内可以自行确定其权利和义务的法律规范。

按法律规范内容的确定性程度的不同，可以分为确定性规范、委任性规范和准用性规范。

（1）确定性规范，是指法律规范直接而明确地规定了行为规则的内容，适用时无须再援用其他的法律规范来补充或说明的法律规范。大多数法律规范是确定性规范。

（2）委任性规范，是指法律规范没有明确规定行为规则的内容，而是授权由某一专门机构加以规定的法律规范。

（3）准用性规范，是没有明确规定行为规则内容，但明确指出可以援引其他的规则使本规则的内容得以明确。

按照法律规范所调整的行为是否可能发生在该规则之前，可以分为调整性规范和构成性规范。

（1）调整性规范，是对已经存在的各种行为方式进行评价，并通过设定权利和义务来调整相关行为的法律规范。

（2）构成性规范，是以规则的产生为基础而导致某些行为方式的出现，并对其加以调整的法律规范。与调整性规范的不同，在构成性规范产生以前，该规则所涉及的行为不可能出现。

5.法律关系的构成要素是什么？

法律关系是在法律规范调整社会关系的过程中所形成的人们之间权利与义务关系。如企业与职工依法订立劳动合同后，就构成了双方的劳动法律关系。法律关系由法律关系主体、法律关系内容（权利义务）和法律关系客体三要素构成。

（1）法律关系主体

法律关系主体是法律关系的参加者，是指参加法律关系，依法享有权利和承担义务的当事人。即在法律关系中，一定权利的享有者和一定义务的承担者。

在我国，根据各种法律的规定，能够参与法律关系的主体包括以下几类。

①公民（自然人）。这里的公民既指中国公民，也指居住在中国境内或在境内活动的外国公民和无国籍人。

②机构和组织（法人）。这主要包括三类：一是各种国家机关（立法机关、行政机关和司法机关等）；二是各种企事业组织；三是各政党和社会团体。这些机构和组织主体，在法学上可以笼统地成为"法人"。

③国家。在特殊情况下，国家可以作为一个整体成为法律关系主体。例如，国家作为主权者是国际公法关系的主体，可以成为外贸关系中的债权人或债务人。在国内法上，国家作为法律关系主体的地位比较特殊，既不同于一般公民，也不同于法人。国家可以直接以自己的名义参与国内的法律关系（如发行国库券），但在多数情况下则由国家机关或授权的组织作为代表参加法律关系。

④外国人和外国社会组织。外国人、无国籍人和外国社会组织，以我国有关法律以及我国与有关国家签订的条约为依据，也可以成为我国某些法律关系的主体。

（2）法律关系内容

法律关系的内容，是指法律关系主体间在一定条件下依照法律或约定所享有的权利和承担的义务。权利是指法律保护的某种利益；从行为方式的角度看，它表现为要求权利相对人可以怎样行为，必须怎样行为或不得怎样行为。义务是指人们必须履行的某种责任，它表现为必须怎样行为和不得怎样行为两种方式。在法律调整状态下，权利是受法律保障的利益，其行为方式表现为意志和行为的自由。义务则是对法律所要求的意志和行为的限制，以及利益的付出。权利和义务是法律调整的特有机制，是法律行为区别于道德行为最明显的标志，也是法律和法律关系内容的核心。权利与义务作为法律关系的重要因素，它体现了人们在社会生活中的地位及其相互关系，反映着法律调整的文明程度。

（3）法律关系客体

法律关系客体是指权利和义务所指向的对象。它是将法律关系主体之间的权利与义务联系在一起的中介，没有法律关系的客体作为中介，就不可能形成法律关系。因此，客体是构成任何法律关系都必须具备的一个要素。

成为法律关系客体应满足下述 3 个条件：①必须是一种资源，能够满足人们的某种需要，因而被认为具有价值；②必须具有一定的稀缺性，因而不能被需要它的人毫无代价地占有利用；③必须具有可控制性，因而可以被需要它的人为一定目的而加占有和利用。

在现代社会中，法律关系客体主要包括以下几类。①物。法律上所说的物包括一切可以成为财产权利对象的自然人物和人造之物。②行为。在法律关系客体的意义上，行为指的是权利和义务所指向的作为或不作为。③智力成果。作为客体的智力成果指的是人们在智力活动中所创造的精神财富，它是知识产权所指向的对象。④人身利益。包括人格利益和身份利益，是人格权和身份权的客体。

6.法律事实包括哪些？

法律事实是法律规范所规定的，能够产生法律后果，即能够引起法律关系产生、变更和消灭的事实。

根据法律事实的发生是否与人的意志有关，可以把法律事实分为事件和行为两大类。

（1）事件，又称为法律事件，是指法律规定的，不以人的意志为转移的能够引起法律关系的产生、变更、消灭的客观情况。事件的特点是，它的出现与当事人的意志无关，不是由当事人的行为所引发的。事件可以分为社会事件和自然事件，前者如社会革命、示威游行、战争等，后者如人的生老病死、地震、洪水等自然灾害。

（2）行为，又称为法律行为，是指与当事人意志有关，能够引起法律关系产生、变更或消灭的客观情况。行为是法律要件中最常使用的法律事实。根据主体意思表示的形式区分，分为单方行为和多方行为；根据法律行为是否合法，可分为合法行为和违法行为；根据行为的表现形式区分，分为积极行为（又称作为）和消极行为（又称不作为）；根据行为是否通过意思表示区分，分为意思表示行为（又称表示行为）和非表示行为；根据行为是否需要特定形式或实质要件区分，分为要式行为和非要式行为；根据主体实际参与行为的状态区分，分为自主行为和代理行为。

7.如何理解法律效力？

法律效力即法律具有的约束力和强制力。法律效力可以分为规范性法律文件和非规范性法律文件的效力。规范性法律文件的效力，也叫狭义的法律效力，指法律的生效范围或适用范围，即法律对什么人、在什么地方和什么时间有约束力。非规范性法律文件的效力，指判决书、裁定书、逮捕证、许可证的法律效力。我们这里介绍的法律效力，是狭义的法律效力。

狭义的法律效力是指法律的适用范围，即法律在什么领域、什么时间和对谁有效的问题，也就是法律规范在空间上、时间上和对人的效力问题。

（1）空间效力，是指法律在什么地方发生效力。由国家制定的法律和经中央机关制定的规范性文件，在全国范围内生效。地方性法规只在本地区内有效。

（2）时间效力，是指法律在何时生效和何时终止效力，以及法律对其生效以前的事件和行为有无溯及力。生效时间一般有3种：①自法律公布之日起生效；②由该法律规定具体生效时间；③规定法律公布后符合一定条件时生效。法律终止生效，即法律被废止，指法律效力的消灭。它一般分为明示的废止和默示的废止两类。明示的废止，即在新法或其他法律文件中明文规定废止旧法。默示的废止，即在适用法律中，新法与旧法冲突时，适用新法而使旧法事实上被废止。法律溯及力，也称法律溯及既往的效力，是指法律对其生效以前的事件和行为是否适用。如果适用，就具有溯及力；如果不适用，就没有溯及力。法律一般以不溯及既往为原则。各国普遍采用的通例是"从旧兼从轻"的原则，即新法原则上不溯及既往，但是新法不认为犯罪或者处刑较轻的，适用新法。而在某些有关民事权利的法律中，法律有溯及力。

（3）对人的效力，是指法律适用于什么样的人。对人的效力又分为属地主义、属人主义和保护主义。属地主义：不论人的国籍如何，在哪国领域内就适用哪国法律。属人主义：不论人在国内或国外，是哪国公民就适用哪国法律。保护主义：任何人只要损害了本国利益，不论损害者的国籍与所在地如何，都要受到该国法律的制裁。

8.违法的构成要素有哪些？

违法，也称违法行为，是指特定的法律主体（个人或单位）由于主观上的过错所实施或导致的、具有一定社会危害性、依法应当追究责任的行为。

违法的构成要素包括以下内容。

违法是一种危害社会的行为。单纯的思想意识活动不能构成违法。

违法必须有被侵犯的客体，即侵犯了法律所保护的社会关系与社会秩序，对社会造成了一定的危害。

违法必须是行为者有故意或过失的行为，即行为人有主观方面的过错的行为。

违法的主体必须是达到法定责任年龄和具有责任能力的自然人和依法设置的法人。

9.什么是法律责任？

法律责任是指行为人由于违法行为、违约行为或者由于法律规定而应承受的某种不利法律后果。法律责任是社会责任的一种，具有以下两个特点。

第一，承担法律责任的最终依据是法律，此处的法律是指广义上的法律。

第二，法律责任具有国家强制性，法律责任的履行由国家强制力保证。

法律责任的构成要件包括：主体、过错、违法行为、损害事实和因果关系 5 个方面。

（1）主体。法律责任主体，是指违法主体或者承担法律责任的主体。责任主体不完全等同于违法主体。

（2）违法行为或违约行为。违法行为是指违反法律所规定的义务、超越权利的界限行使权利以及侵权行为的总称，一般认为违法行为包括犯罪行为和一般违法行为。

（3）损害事实。损害事实即受到的损失和伤害的事实，包括对人身、对财产、对精神（或者三方面兼有的）的损失和伤害。

（4）主观过错。过错即承担法律责任的主观故意或者过失。

（5）因果关系。因果关系即行为与损害之间的因果关系，它是存在于自然界和人类社会中的各种因果关系的特殊形式。

10.法律责任的种类有哪些?

根据违法行为所违反的法律的性质，可以把法律责任分为民事责任、行政责任、经济法责任、刑事责任、违宪责任和国家赔偿责任。

（1）民事责任是指由于违反民事法律、违约或者由于民法规定所应承担的一种法律责任。包括以下几种：停止侵害、排除妨碍、消除危险、返还财产、恢复原状、修理、重作、更换、继续履行赔偿损失、支付违约金、消除影响、恢复名誉、赔礼道歉等。

（2）刑事责任是指行为人因其犯罪行为所必须承受的，由司法机关代表国家所确定的否定性法律后果。包括主刑和附加刑。其中，主刑包括管制、拘役、有期徒刑、无期徒刑、死刑。附加刑：罚金、剥夺政治权利、没收财产、驱逐出境。

（3）行政责任是指因违反行政法规定或因行政法规定而应承担的法律责任。分为：行政处分（内部制裁措施）、行政处罚两种。其中行政处分包括警告、记过、记大过、降级、撤职、开除。行政处罚包括警告、罚款、没收违法所得、没收非法财物、责令停产停业、暂扣或吊销许可证、暂扣或者吊销执照、行政拘留；法律、行政法规规定的其他行政处罚。

（4）违宪责任是指由于有关国家机关制定的某种法律和法规、规章，或有关国家机关、社会组织或公民从事了与宪法规定相抵触的活动而产生的法律责任。

（5）国家赔偿责任是指在国家机关行使公权力时由于国家机关及其工作人员违法行使职权所引起的由国家作为承担主体的赔偿责任。

二

宪法相关知识

11.为什么说宪法是国家的根本大法？

宪法是国家的根本大法，是治国安邦的总章程，适用于国家全体公民，集中反映各种政治力量的实际对比关系，确认革命胜利成果和现实的民主政治，规定国家的根本任务和根本制度，即社会制度、国家制度的原则和国家政权的组织以及公民的基本权利义务等内容。

宪法之所以是国家的根本法，主要表现在 3 个方面。

（1）在规定的内容上与普通法律不同。普通法律作为部门法，调整的只是国家生活中某一方面的社会关系，而作为根本法的宪法，它规定的是国家政治生活和社会生活中最根本、最重要的问题。我国现行《宪法》在序言中就明确宣布："本宪法以法律的形式确认了中国各族人民奋斗的成果，规定了国家的根本制度和根本任务，是国家的根本法。"

（2）在法律效力上与普通法律不同。由于宪法是国家的根本法，宪法所具有的就不仅是一般的法律效力，而是具有最高的法律效力。其法律效力的最高性表现在：①宪法是制定普通法律的依据和基础；②普通法律不得与宪法相抵触；③宪法是一切组织或者个人的根本活动准则。

（3）在制定和修改的程序上与普通法律不同。由于宪法是国家的根本法，具有最高的法律效力，为了体现宪法的严肃性，保持宪法的稳定性和连续性，多数国家对宪法的制定和修改都规定了不同于普通立法的特别程序。我国《宪法》规定，宪法的修改，由全国人民代表大会常务委员会或者1/5以上的全国人民代表大会代表提议，并由全国人民代表大会以全体代表的2/3以上的多数通过。

12.宪法的基本原则是什么？

（1）党的领导原则。中国共产党是中国特色社会主义事业的领导核心，党的领导是人民当家作主的根本保证。《宪法》第1条第2款规定，中国共产党领导是中国特色社会主义最本质的特征。

（2）人民主权原则。人民主权，即国家的主权属于人民，归人民所有。人民当家作主是社会主义民主政治的本质和核心。《宪法》第2条规定，中华人民共和国的一切权力属于人民。人民行使国家权力的机关是全国人民代表大会和地方各级人民代表大会。人民依照法律规定，通过各种途径和形式，管理国家事务，管理经济和文化事业，管理社会事务。

（3）基本人权原则。人权是指人作为人享有和应当享有的基本权利。我国宪法规定的公民基本权利，都是最重要的人权，包括公民有参与国家政治生活的权利和自由、公民的人身自由和信仰自由、公民在社会经济文化方面的权利等。2004年，我国宪法还将"国家尊重和保障人权"规定为一项基本原则，体现了对人权保障更加重视。

（4）法治原则。法治就是按照法律治理国家、管理社会、规范行为，是对人治的否定。《宪法》第5条第1款规定，中华人民共和国实行依法治国，建设社会主义法治国家。

（5）权力监督和制约原则。权力监督和制约原则是指国家权力的各部分之间相互监督、彼此牵制，以保障公民权利的原则。它既包括公民权利对国家权利的制约，也包括国家权力对国家权力的制约。《宪法》第3条第2款规定，全国人民代表大会和地方各级人民代表大会都由民主选举产生，对人民负责，受人民监督。第3款规定，国家行政机关、监察机关、审判机关、检察机关都由人民代表大会产生，对它负责，受它监督。

（6）民主集中制原则。民主集中制是集中全党全国人民集体智慧，实现科学决策、民主决策的基本原则和主要途径。《宪法》第3条第1款规定，中华人民共和国的国家机构实行民主集中制的原则。

13.我国的国体和政体是什么？

国体就是国家性质，即在一个国家中，哪些阶级处于统治地位，哪些阶级是其同盟者，哪些阶级处于被统治地位，体现的是哪个阶级对哪个阶级的专政。我国国体是工人阶级领导的、以工农联盟为基础的人民民主专政的社会主义国家。

政体是指国家政权的组织形式，即统治阶级采取何种原则和形式去组织旨在反对敌人、保护自己、治理社会的政权机关。我国的政体是人民代表大会制度。

14.为什么说人民代表大会制度是我国的根本政治制度？

人民代表大会制度之所以成为我国的根本政治制度，是由人民代表大会制度的特征和在我国政治生活中的地位决定的。

（1）人民代表大会制度直接反映着我们国家的阶级本质，体现了各阶级、各阶层和各民族在国家生活中的地位；

（2）人民代表大会制度是适合我国国情的根本政治制度，它是中国人民革命的创造性产物，是马克思主义关于政治制度学说在中国的具体应用；

（3）人民代表大会制度体现出我国政治生活的全貌，是其他制度赖以建立的基础；

（4）人民代表大会制度是人民实现国家权力的组织形式，我国各族人民通过这一制度来行使国家权力，保证了国家政权机关的高效运行，从而体现了"一切权力属于人民"的原则，这也是对人民利益加以维护的根本保证。

15.全国人民代表大会行使哪些职权?

全国人民代表大会行使下列职权：

（1）修改宪法；

（2）监督宪法的实施；

（3）制定和修改刑事、民事、国家机构的和其他的基本法律；

（4）选举中华人民共和国主席、副主席；

（5）根据中华人民共和国主席的提名，决定国务院总理人选；根据国务院总理的提名，决定国务院副总理、国务委员、各部部长、各委员会主任、审计长、秘书长的人选；

（6）选举中央军事委员会主席；根据中央军事委员会主席的提名，决定中央军事委员会其他组成人员的人选；

（7）选举国家监察委员会主任；

（8）选举最高人民法院院长；

（9）选举最高人民检察院检察长；

（10）审查和批准国民经济和社会发展计划和计划执行情况的

报告；

    （11）审查和批准国家的预算和预算执行情况的报告；

    （12）改变或者撤销全国人民代表大会常务委员会不适当的决定；

    （13）批准省、自治区和直辖市的建置；

    （14）决定特别行政区的设立及其制度；

    （15）决定战争和和平的问题；

    （16）应当由最高国家权力机关行使的其他职权。

16.全国人民代表大会常务委员会行使哪些职权？

全国人民代表大会常务委员会的职权包括：立法权；宪法和法律解释权；宪法实施的监督权；对其他国家机关工作的监督权；对其他国家机关工作人员的人事任免权；对国家生活中重要问题的决定权：全国人民代表大会授予的其他职权，如主持全国人民代表大会的选举，召集全国人民代表大会的会议，联系全国人大代表，并组织他们视察，在全国人大闭会期间领导各专门委员会的工作等。

17.我国有哪些机关可以立法？

根据《中华人民共和国立法法》（以下简称《立法法》）规定，下列国家机关可以进行立法活动。

（1）全国人民代表大会和全国人民代表大会常务委员会根据宪法规定行使国家立法权。全国人民代表大会制定和修改刑事、民事、国家机构的和其他的基本法律。全国人民代表大会常务委员会制定和修改除应当由全国人民代表大会制定的法律以外的其他法律；在全国人民代表大会闭会期间，对全国人民代表大会制定的法律进行部分补充和修改，但是不得同该法律的基本原则相抵触。

（2）国务院根据宪法和法律，制定行政法规。

（3）省、自治区、直辖市的人民代表大会及其常务委员会根据本行政区域的具体情况和实际需要，在不同宪法、法律、行政法规相抵触的前提下，可以制定地方性法规。

（4）设区的市的人民代表大会及其常务委员会根据本市的具体情况和实际需要，在不同宪法、法律、行政法规和本省、自治区的地方性法规相抵触的前提下，可以对城乡建设与管理、生态文明建设、历史文化保护、基层治理等方面的事项制定地方性法规，法律对设区的市制定地方性法规的事项另有规定的，从其规定。设区的市的地方性法规须报省、自治区的人民代表大会常务委员会批准后施行。省、自治区的人民代表大会常务委员会对报请批准的地方性法规，应当对其合法性进行审查，认为同宪法、法律、行政法规和本省、自治区的地方性法规不抵触的，应当在 4 个月内予以批准。

（5）经济特区所在地的省、市的人民代表大会及其常务委员会根据全国人民代表大会的授权决定，制定法规，在经济特区范围内实施。

（6）民族自治地方的人民代表大会有权依照当地民族的政治、经济和文化的特点，制定自治条例和单行条例。自治区的自治条例和单行条例，报全国人民代表大会常务委员会批准后生效。自治州、自治县的自治条例和单行条例，报省、自治区、直辖市的人民代表大会常务委员会批准后生效。自治条例和单行条例可以依照当地民族的特点，对法律和行政法规的规定作出变通规定，但不得违背法律或者行政法规的基本原则，不得对宪法和民族区域自治法的规定以及其他有关法律、行政法规专门就民族自治地方所作的规定作出变通规定。

（7）国务院各部、委员会、中国人民银行、审计署和具有行政管理职能的直属机构以及法律规定的机构，可以根据法律和国务院的行政法规、决定、命令，在本部门的权限范围内，制定规章。

（8）省、自治区、直辖市和设区的市、自治州的人民政府，可以根据法律、行政法规和本省、自治区、直辖市的地方性法规，制定规章。

18.哪些事项只能由法律进行规定？

根据《立法法》第 11 条规定，下列事项只能制定法律：

（1）国家主权的事项；

（2）各级人民代表大会、人民政府、监察委员会、人民法院和人民检察院的产生、组织和职权；

（3）民族区域自治制度、特别行政区制度、基层群众自治制度；

（4）犯罪和刑罚；

（5）对公民政治权利的剥夺、限制人身自由的强制措施和处罚；

（6）税种的设立、税率的确定和税收征收管理等税收基本制度；

（7）对非国有财产的征收、征用；

（8）民事基本制度；

（9）基本经济制度以及财政、海关、金融和外贸的基本制度；

（10）诉讼制度和仲裁基本制度；

（11）必须由全国人民代表大会及其常务委员会制定法律的其他事项。

19.我国国家机关的组织活动原则有哪些？

根据《宪法》规定，我国国家机关的组织活动原则主要包括以下几个方面。

（1）民主集中制原则。民主集中制是指在民主基础上的集中和在集中指导下的民主的结合。它体现我国国家制度的基本特点和人民民主专政政权建设经验的主要优点，是我国国家机构组织活动的根本原则。《宪法》第 3 条第 1 款规定："中华人民共和国的国家机构实行民主集中制的原则。"

（2）社会主义法治原则。社会主义法治原则在国家机构中的体现有两个主要方面：一是国家机构内部的各级各类国家机关的组织都要依照宪法和法律的规定进行；二是依照宪法和法律组织起来的国家机关，应依照法律规定行使职权，履行职责，做到各司其职，各负其责。

（3）精简、效率、廉政的原则。现行《宪法》第 27 条第 1 款规定："一切国家实行精简的原则，实行工作责任制，实行工作人员的培训和考核制度，不断提高工作质量和工作效率，反对官僚主义。"

（4）联系群众，为人民服务的原则。一切国家机构必须依靠人民的支持，经常保持同群众的密切联系，倾听人民的意见和建议，接受人民的监督，努力为人民服务。

20.社会主义经济制度的基础是什么?

社会主义经济制度的基础是生产资料的社会主义公有制，即全民所有制和劳动群众集体所有制。社会主义公有制消灭人剥削人的制度，实行各尽所能、按劳分配的原则。

21.我国的基本经济制度是什么?

我国《宪法》第 6 条第 2 款规定："国家在社会主义初级阶段，坚持公有制为主体、多种所有制经济共同发展的基本经济制度，坚持按劳分配为主体、多种分配方式并存的分配制度。"党的十九届四中全会审议通过的《中共中央关于坚持和完善中国特色社会主义制度、推进国家治理体系和治理能力现代化若干重大问题的决定》指出："公有制为主体、多种所有制经济共同发展，按劳分配为主体、多种分配方式并存，社会主义市场经济体制等社会主义基本经济制度，既体现了社会主义制度优越性，又同我国社会主义初级阶段社会生产力发展水平相适应，是党和人民的伟大创造。"我们要坚持和完善社会主义基本经济制度，毫不动摇巩固和发展公有制经济，毫不动摇鼓励、支持、引导非公有制经济发展，充分发挥市场在资源配置中的决定性作用，更好发挥政府作用。

22.我国宪法对公共财产的保护是如何规定的？

《宪法》第12条规定："社会主义的公共财产神圣不可侵犯。国家保护社会主义的公共财产。禁止任何组织或者个人用任何手段侵占或者破坏国家的和集体的财产。"

23.我国宪法对公民私有财产的保护是如何规定的？

（1）公民的合法的私有财产不受侵犯；

（2）国家依照法律规定保护公民的私有财产权和继承权；

（3）国家为了公共利益的需要，可以依照法律规定对公民的私有财产实行征收或者征用并给予补偿。

24.社会主义初级阶段的分配原则是什么？

社会主义初级阶段的分配原则是：以按劳分配为主体、多种分配方式并存。

按劳分配是指在生产资料社会主义公有制条件下，对社会总产品作了各项必要的社会扣除以后，按照个人提供给社会的劳动的数量和质量分配个人消费品，等量劳动领取等量报酬，多劳多得，少劳少得，不劳不得。我国社会主义初级阶段实行按劳分配为主体，是由社会主义公有制和社会生产力的发展水平决定的。首先，公有制是实行按劳分配的前提条件和所有制基础。其次，社会主义初级阶段的生产力发展水平是实行按劳分配的物质基础。

多种分配方式并存，按劳分配以外的多种分配方式，其实质就是按生产要素的贡献状况进行分配。按生产要素分配包括以下类型。（1）以劳动作为生产要素参与分配。主要是个体劳动者和被雇于非公有制经济的雇佣劳动者的劳动。（2）劳动以外的生产要素所有者参与分配。主要包括资本所有者在生产经营活动中凭借资本所取得的利润；生产要素所有者将自有的货币或资本借给他人经营或存入金融机构所取得的利息；以实物形态资本租借给他人经营或使用而取得的租金等。（3）管理和知识产权类的生产要素参与分配。主要包括科技发明、创造、信息、专利等参与分配。

25.我国宪法规定公民的基本权利有哪些?

公民权利，是指国家通过宪法和法律所保障的，公民实现某种愿望或获得某种利益的可能性。享有法定权利的公民，一方面，有权自己作出一定的行为；另一方面，有权要求他人作出一定的行为或者不为一定的行为。我国公民的基本权利主要如下。

（1）平等权，指公民平等地享有权利，不受任何差别对待，要求国家同等保护的权利。它包括公民在法律面前一律平等和禁止差别待遇。

（2）政治权利，指公民依据宪法和法律的规定，参与国家政治生活的行为可能性。它包括选举权和被选举权，言论、出版、结社、集会、游行、示威的自由。

（3）宗教信仰自由，指公民依据内心信念，自愿地信仰宗教的自由。它包括公民既有信仰宗教的自由，也有不信仰宗教的自由；有信仰这种宗教的自由，也有信仰那种宗教的自由；在同一宗教里，有信仰这个教派的自由，也有信仰那个教派的自由；有过去信教而现在不信教的自由；也有过去不信教而现在信教的自由。

（4）人身自由，又称身体自由，是指公民的人身不受非法侵犯的自由。主要包括：公民的人身自由不受侵犯；公民的人格尊严不受侵犯；公民的住宅不受侵犯；公民的通信秘密和通信自由受法律保护。

（5）社会经济权利，是指公民依照宪法的规定享有的具有物质经济利益的权利。它主要包括公民合法财产的所有权和继承权，劳动就业权和取得报酬权，休息权，在年老、疾病或丧失劳动能力的情况下，从国家和社会获得物质帮助的权利。

（6）文化教育权利，是指文化与教育领域享有的权利。主要包括：受教育的权利、从事科学研究的权利，从事文艺创作的权利与从事其他文化活动的权利。

（7）监督权，是指公民监督国家机关及工作人员活动的权利，具体包括对国家机关及其工作人员提出批评和建议的权利；对于任何国家机关和国家工作人员的违法失职行为，有向有关国家机关提出申诉、控告或检举的权利。

26.我国公民的基本义务是什么？

公民的义务，是指宪法和法律规定的公民必须履行的某种责任。义务不能放弃，是每个公民必须履行的责任。我国公民的基本义务主要有：

（1）维护国家统一和各民族团结；

（2）遵守宪法和法律，保守国家秘密，爱护公共财产，遵守劳动纪律，遵守公共秩序，尊重社会公德；

（3）维护祖国的安全、荣誉和利益；

（4）保卫祖国，依法服兵役和参加民兵组织；

（5）依照法律纳税；

（6）劳动的义务；

（7）受教育的义务；

（8）夫妻双方有实行计划生育的义务；

（9）父母有抚养教育未成年子女的义务，成年子女有赡养扶助父母的义务。

27. 我国对选民资格是如何规定的？

（1）中华人民共和国年满 18 周岁的公民，不分民族、种族、性别、职业、家庭出身、宗教信仰、教育程度、财产状况和居住期限，都有选举权和被选举权。

（2）依照法律被剥夺政治权利的人没有选举权和被选举权。

28. 各级人民代表大会代表如何产生？

全国人民代表大会代表的选举由全国人民代表大会常务委员会主持。全国人民代表大会每届任期五年。全国人民代表大会任期届满的两个月以前，全国人民代表大会常务委员会必须完成下届全国人民代表大会代表的选举。如果遇到不能进行选举的非常情况，由全国人民代表大会常务委员会以全体组成人员的 2/3 以上的多数通过，可以推迟选举，延长本届全国人民代表大会的任期。在非常情况结束后一年内，必须完成下届全国人民代表大会代表的选举。省、直辖市、设区的市的人民代表大会代表由下一级人民代表大会选举。县、不设区的市、市辖区、乡、民族乡、镇的人民代表大会代表由选民直接选举。

29.人民代表大会代表享有的权利有哪些？应履行哪些义务？

人民代表大会代表享有下列权利：

（1）出席本级人民代表大会会议，参加审议各项议案、报告和其他议题，发表意见；

（2）依法联名提出议案、质询案、罢免案等；

（3）提出对各方面工作的建议、批评和意见；

（4）参加本级人民代表大会的各项选举；

（5）参加本级人民代表大会的各项表决；

（6）获得依法执行代表职务所需的信息和各项保障；

（7）法律规定的其他权利。

人民代表大会代表应当履行下列义务：

（1）模范地遵守宪法和法律，保守国家秘密，在自己参加的生产、工作和社会活动中，协助宪法和法律的实施；

（2）按时出席本级人民代表大会会议，认真审议各项议案、报告和其他议题，发表意见，做好会议期间的各项工作；

（3）积极参加统一组织的视察、专题调研、执法检查等履职活动；

（4）加强履职学习和调查研究，不断提高执行代表职务的能力；

（5）与原选区选民或者原选举单位和人民群众保持密切联系，听取和反映他们的意见和要求，努力为人民服务；

（6）自觉遵守社会公德，廉洁自律，公道正派，勤勉尽责；

（7）法律规定的其他义务。

三

民法典相关知识

30.什么是民法典？

民法是调整平等主体的自然人、法人和非法人组织之间的人身关系和财产关系的法律规范的总称，是法律体系中的一个独立的法律部门。

法典就是同一门类的现行法律、法规经过整理编订而形成的系统的法律。民法典就是将现行民法领域的相关法律、法规经过整理编订而形成的系统法律。民法典并不是一般意义上的法律，而是民事法律的集合体，是民事法律规范的总和。

2020年5月28日，十三届全国人大三次会议表决通过了《中华人民共和国民法典》，自2021年1月1日起施行。《民法典》共7编、1260条，各编依次为总则、物权、合同、人格权、婚姻家庭、继承、侵权责任，以及附则。《民法典》是新中国第一部以"法典"命名的法律，它涵盖了社会生活的方方面面，被称为"社会生活百科全书"，是民事权利的宣言书和保障书。

31.民事主体包括哪些？

民事主体又称"民事法律关系主体"，是民事关系的参与者、民事权利的享有者、民事义务的履行者和民事责任的承担者，即民事法律关系的当事人。民事主体的资格由法律规定，根据《民法典》规定，民事主体包括3类：一是自然人，二是法人，三是非法人组织。民事主体的人身权利、财产权利以及其他合法权益受法律保护，任何组织或者个人不得侵犯。

32.民事主体从事民事活动应当遵循的原则有哪些？

根据《民法典》规定。民事主体从事民事活动应当遵循的原则主要是：

（1）平等原则，民事主体在民事活动中的地位一律平等；

（2）自愿原则，按照自己的意思设立、变更和终止民事关系；

（3）公平原则，合理确定各方的权利和义务；

（4）诚信原则，秉持诚实，恪守承诺；

（5）遵守法律与公序良俗原则，不得违反法律，不得违背公序良俗；

（6）绿色原则，应当有利于节约资源、保护生态环境。

33.《民法典》关于自然人的民事权利能力和民事行为能力是如何规定的？

民事权利能力是指法律赋予民事主体享有民事权利和承担民事义务的能力，也就是民事主体享有权利和承担义务的资格，是作为民事主体进行民事活动的前提条件。

《民法典》关于自然人的民事权利能力主要作了以下规定。

自然人从出生时起到死亡时止，具有民事权利能力，依法享有民事权利，承担民事义务。

自然人的民事权利能力一律平等。

自然人的出生时间和死亡时间，以出生证明、死亡证明记载的时间为准；没有出生证明、死亡证明的，以户籍登记或者其他有效身份登记记载的时间为准。有其他证据足以推翻以上记载时间的，以该证据证明的时间为准。

涉及遗产继承、接受赠与等胎儿利益保护的，胎儿视为具有民事权利能力。但是，胎儿娩出时为死体的，其民事权利能力自始不存在。

民事行为能力是指民事主体能以自己的行为取得民事权利、承担民事义务的资格。简言之，民事行为能力为民事主体享有民事权利、承担民事义务提供了现实性。自然人的民事行为能力分 3 种情况：完全民事行为能力人、限制民事行为能力人和无民事行为能力人。

（1）完全民事行为能力人。《民法典》规定，18 周岁以上的自然人为成年人。不满 18 周岁的自然人为未成年人。成年人为完全民事行为能力人，可以独立实施民事法律行为。16 周岁以上的未成年人，以自己的劳动收入为主要生活来源的，视为完全民事行为能力人。

（2）限制民事行为能力人。《民法典》规定，8 周岁以上的未成年人为限制民事行为能力人，实施民事法律行为由其法定代理人代理或者经其法定代理人同意、追认；但是，可以独立实施纯获利益的民事法律行为或者与其年龄、智力相适应的民事法律行为。

不能完全辨认自己行为的成年人为限制民事行为能力人，实施民事法律行为由其法定代理人代理或者经其法定代理人同意、追认；但是，可以独立实施纯获利益的民事法律行为或者与其智力、精神健康状况相适应的民事法律行为。

（3）无民事行为能力人。不满 8 周岁的未成年人为无民事行为能力人，由其法定代理人代理实施民事法律行为。不能辨认自己行为的成年人为无民事行为能力人，由其法定代理人代理实施民事法律行为。8 周岁以上的未成年人不能辨认自己行为的，适用前款规定。

无民事行为能力人、限制民事行为能力人的监护人是其法定代理人。

（4）民事行为能力的特殊规定。《民法典》第 24 条规定：不能辨认或者不能完全辨认自己行为的成年人，其利害关系人或者有关组织，可以向人民法院申请认定该成年人为无民事行为能力人或者限制民事行为能力人。被人民法院认定为无民事行为能力人或者限制民事行为能力人的，经本人、利害关系人或者有关组织申请，人民法院可以根据其智力、精神健康恢复的状况，认定该成年人恢复为限制民事行为能力人或者完全民事行为能力人。本条规定的有关组织包括：居民委员会、村民委员会、学校、医疗机构、妇女联合会、残疾人联合会、依法设立的老年人组织、民政部门等。

34.监护人如何确立？

监护人是指对无行为能力或限制行为能力的人的人身、财产和其他一切合法权益负有监督和保护责任的人。一般来说，未成年人、精神病患者及其他有严重精神障碍的人，都应设置监护人。《民法典》对未成年人、对无民事行为能力或者限制民事行为能力的成年人的监护人分别进行了法律规定。

（1）未成年人的监护人。《民法典》规定，父母是未成年子女的监护人。未成年人的父母已经死亡或者没有监护能力的，由下列有监护能力的人按顺序担任监护人：①祖父母、外祖父母；②兄、姐；③其他愿意担任监护人的个人或者组织，但是须经未成年人住所地的居民委员会、村民委员会或者民政部门同意。

（2）无民事行为能力或者限制民事行为能力的成年人的监护人。《民法典》规定，无民事行为能力或者限制民事行为能力的成年人，由下列有监护能力的人按顺序担任监护人：①配偶；②父母、子女；③其他近亲属；④其他愿意担任监护人的个人或者组织，但是须经被监护人住所地的居民委员会、村民委员会或者民政部门同意。

（3）指定监护人。《民法典》规定，被监护人的父母担任监护人的，可以通过遗嘱指定监护人。对监护人的确定有争议的，由被监护人住所地的居民委员会、村民委员会或者民政部门指定监护人，有关当事人对指定不服的，可以向人民法院申请指定监护人；有关当事人也可以直接向人民法院申请指定监护人。居民委员会、村民委员会、民政部门或者人民法院应当尊重被监护人的真实意愿，按照最有利于被监护人的原则在依法具有监护资格的人中指定监护人。依据上述规定指定监护人前，被监护人的人身权利、财产权利以及其他合法权益处于无人保护状态的，由被监护人住所地的居民委员会、村民委员会、法律规定的有关组织或者民政部门担任临时监护人。监护人被指定后，不得擅自变更；擅自变更的，不免除被指定的监护人的责任。

（4）协议确定监护人。《民法典》规定，依法具有监护资格的人之间可以协议确定监护人。协议确定监护人应当尊重被监护人的真实意愿。

（5）没有依法具有监护资格的人的，监护人由民政部门担任，也可以由具备履行监护职责条件的被监护人住所地的居民委员会、村民委员会担任。

（6）具有完全民事行为能力的成年人，可以与其近亲属、其他愿意担任监护人的个人或者组织事先协商，以书面形式确定自己的监护人，在自己丧失或者部分丧失民事行为能力时，由该监护人履行监护职责。

35.监护人的职责是什么？

监护人的职责包括保护被监护人的人身权利和财产权利及其他合法

权益。《民法典》对监护人的职责作了明确规定，主要如下。

（1）监护人的职责是代理被监护人实施民事法律行为，保护被监护人的人身权利、财产权利以及其他合法权益等。监护人依法履行监护职责产生的权利，受法律保护。监护人不履行监护职责或者侵害被监护人合法权益的，应当承担法律责任。因发生突发事件等紧急情况，监护人暂时无法履行监护职责，被监护人的生活处于无人照料状态的，被监护人住所地的居民委员会、村民委员会或者民政部门应当为被监护人安排必要的临时生活照料措施。

（2）监护人应当按照最有利于被监护人的原则履行监护职责。监护人除为维护被监护人利益外，不得处分被监护人的财产。未成年人的监护人履行监护职责，在作出与被监护人利益有关的决定时，应当根据被监护人的年龄和智力状况，尊重被监护人的真实意愿。成年人的监护人履行监护职责，应当最大程度地尊重被监护人的真实意愿，保障并协助被监护人实施与其智力、精神健康状况相适应的民事法律行为。对被监护人有能力独立处理的事务，监护人不得干涉。

36.什么情况下可以撤销监护人资格？

根据《民法典》规定，监护人有下列情形之一的，人民法院根据有关个人或者组织的申请，撤销其监护人资格，安排必要的临时监护措施，并按照最有利于被监护人的原则依法指定监护人：

（1）实施严重损害被监护人身心健康的行为；

（2）怠于履行监护职责，或者无法履行监护职责且拒绝将监护职责部分或者全部委托给他人，导致被监护人处于危困状态；

（3）实施严重侵害被监护人合法权益的其他行为。

上述规定的有关个人、组织包括：其他依法具有监护资格的人，居民委员会、村民委员会、学校、医疗机构、妇女联合会、残疾人联合会、未成年人保护组织、依法设立的老年人组织、民政部门等。

上述规定的个人和民政部门以外的组织未及时向人民法院申请撤销监护人资格的，民政部门应当向人民法院申请。

37.哪些情形下监护关系终止？

有下列情形之一的，监护关系终止：

（1）被监护人取得或者恢复完全民事行为能力；

（2）监护人丧失监护能力；

（3）被监护人或者监护人死亡；

（4）人民法院认定监护关系终止的其他情形。

监护关系终止后，被监护人仍然需要监护的，应当依法另行确定监护人。

38.《民法典》关于宣告失踪的规定是什么？

宣告失踪指经利害关系人申请，由人民法院对下落不明满一定时间的人宣告为失踪人的制度。为消除因自然人长期下落不明所造成的不利影响，法律通过设立宣告失踪制度，通过宣告下落不明人为失踪人，并为其设立财产代管人，由代管人管理失踪人财产，以保护失踪人与相对人的财产权益。它是一种不确定的自然事实状态的法律确认，目的在于结束失踪人财产关系的不确定状态，保护失踪人的利益，兼及利害关系人的利益。《民法典》关于宣告失踪的规定主要如下。

（1）宣告失踪的条件。

自然人下落不明满 2 年的，利害关系人可以向人民法院申请宣告该自然人为失踪人。

自然人下落不明的时间自其失去音讯之日起计算。战争期间下落不明的，下落不明的时间自战争结束之日或者有关机关确定的下落不明之日起计算。

（2）失踪人的财产代管。

宣告失踪的，失踪人的财产依法由他人代管，但不能发生继承和财产所有权转移等法律后果。

失踪人的财产由其配偶、成年子女、父母或者其他愿意担任财产代管人的人代管。代管有争议，没有上述规定的人，或者上述规定的人无代管能力的，由人民法院指定的人代管。

财产代管人应当妥善管理失踪人的财产，维护其财产权益。失踪人所欠税款、债务和应付的其他费用，由财产代管人从失踪人的财产中支付。财产代管人因故意或者重大过失造成失踪人财产损失的，应当承担赔偿责任。

财产代管人不履行代管职责、侵害失踪人财产权益或者丧失代管能力的，失踪人的利害关系人可以向人民法院申请变更财产代管人。财产代管人有正当理由的，可以向人民法院申请变更财产代管人。人民法院变更财产代管人的，变更后的财产代管人有权请求原财产代管人及时移交有关财产并报告财产代管情况。

（3）撤销失踪宣告。

失踪人重新出现，经本人或者利害关系人申请，人民法院应当撤销失踪宣告。

失踪人重新出现，有权请求财产代管人及时移交有关财产并报告财产代管情况。

39.《民法典》关于宣告死亡的规定是什么？

宣告死亡是指自然人离开住所，下落不明达到法定期限，经利害关系人申请，由人民法院宣告其死亡的法律制度。与宣告失踪制度的设计目的相比，宣告死亡主要解决失踪人的整个民事法律关系的状态问题，而宣告失踪则主要解决失踪人的财产管理问题。故宣告死亡重在保护被宣告死亡人的利害关系人的利益，而宣告失踪则重在保护失踪人的利益。《民法典》关于宣告死亡的规定主要如下。

（1）宣告死亡的条件。

自然人有下列情形之一的，利害关系人可以向人民法院申请宣告该自然人死亡：①下落不明满 4 年；②因意外事件，下落不明满 2 年。因意外事件下落不明，经有关机关证明该自然人不可能生存的，申请宣告死亡不受 2 年时间的限制。

对同一自然人，有的利害关系人申请宣告死亡，有的利害关系人申请宣告失踪，符合本法规定的宣告死亡条件的，人民法院应当宣告死亡。

（2）死亡日期的确定。

被宣告死亡的人，人民法院宣告死亡的判决作出之日视为其死亡的日期；因意外事件下落不明宣告死亡的，意外事件发生之日视为其死亡的日期。

（3）宣告死亡的后果。

自然人被宣告死亡但是并未死亡的，不影响该自然人在被宣告死亡期间实施的民事法律行为的效力。

被宣告死亡的人的婚姻关系，自死亡宣告之日起消除。死亡宣告被撤销的，婚姻关系自撤销死亡宣告之日起自行恢复。但是，其配偶再婚或者向婚姻登记机关书面声明不愿意恢复的除外。

被宣告死亡的人在被宣告死亡期间，其子女被他人依法收养的，在死亡宣告被撤销后，不得以未经本人同意为由主张收养行为无效。

被撤销死亡宣告的人有权请求依照《民法典》第 6 编取得其财产

的民事主体返还财产；无法返还的，应当给予适当补偿。利害关系人隐瞒真实情况，致使他人被宣告死亡而取得其财产的，除应当返还财产外，还应当对由此造成的损失承担赔偿责任。

（4）撤销死亡宣告。

被宣告死亡的人重新出现，经本人或者利害关系人申请，人民法院应当撤销死亡宣告。

40.法人有哪些特征?

法人是具有民事权利能力和民事行为能力，依法独立享有民事权利和承担民事义务的组织。其与自然人同为独立的民事主体，具有以下特征。

（1）法人不是人，是一种社会组织，是一种集合体，是由法律赋予法律人格的组织集合体。

（2）法人是依法设立的。法人应当按照法律规定的条件和程序设立。

（3）法人具有民事权利能力和民事行为能力。法人的民事权利能力和民事行为能力，从法人成立时产生，到法人终止时消灭。

（4）法人依法独立享有民事权利和承担民事义务。

（5）独立承担民事责任。《民法典》第60条规定，法人以其全部财产独立承担民事责任。

41.法人的类型有哪些?

根据《民法典》规定，法人的类型分为如下几种。

（1）营利法人。以取得利润并分配给股东等出资人为目的成立的法人，为营利法人。营利法人包括有限责任公司、股份有限公司和其他企业法人等。营利法人经依法登记成立。依法设立的营利法人，由登记机关发给营利法人营业执照。营业执照签发日期为营利法人的成立日期。设立营利法人应当依法制定法人章程。

（2）非营利法人。为公益目的或者其他非营利目的成立，不向出资人、设立人或者会员分配所取得利润的法人，为非营利法人。非营利法人包括事业单位、社会团体、基金会、社会服务机构等。

具备法人条件，为适应经济社会发展需要，提供公益服务设立的事业单位，经依法登记成立，取得事业单位法人资格；依法不需要办理法人登记的，从成立之日起，具有事业单位法人资格。事业单位法人设理事会的，除法律另有规定外，理事会为其决策机构。事业单位法人的法定代表人依照法律、行政法规或者法人章程的规定产生。

具备法人条件，基于会员共同意愿，为公益目的或者会员共同利益等非营利目的设立的社会团体，经依法登记成立，取得社会团体法人资格；依法不需要办理法人登记的，从成立之日起，具有社会团体法人资格。设立社会团体法人应当依法制定法人章程。社会团体法人应当设会员大会或者会员代表大会等权力机构。社会团体法人应当设理事会等执行机构。理事长或者会长等负责人按照法人章程的规定担任法定代表人。

具备法人条件，为公益目的以捐助财产设立的基金会、社会服务机构等，经依法登记成立，取得捐助法人资格。依法设立的宗教活动场所，具备法人条件的，可以申请法人登记，取得捐助法人资格。法律、行政法规对宗教活动场所有规定的，依照其规定。设立捐助法人应当依法制定法人章程。捐助法人应当设理事会、民主管理组织等决策机构，并设执行机构。理事长等负责人按照法人章程的规定担任法定代表人。捐助法人应当设监事会等监督机构。

（3）特别法人。机关法人、农村集体经济组织法人、城镇农村的合作经济组织法人、基层群众性自治组织法人，为特别法人。

有独立经费的机关和承担行政职能的法定机构从成立之日起，具有机关法人资格，可以从事为履行职能所需要的民事活动。机关法人被撤销的，法人终止，其民事权利和义务由继任的机关法人享有和承担；没有继任的机关法人的，由作出撤销决定的机关法人享有和承担。

农村集体经济组织依法取得法人资格。法律、行政法规对农村集体经济组织有规定的，依照其规定。

城镇农村的合作经济组织依法取得法人资格。法律、行政法规对城镇农村的合作经济组织有规定的，依照其规定。

居民委员会、村民委员会具有基层群众性自治组织法人资格，可以从事为履行职能所需要的民事活动。未设立村集体经济组织的，村民委员会可以依法代行村集体经济组织的职能。

42.法人成立的条件和法定代表人有什么规定？

根据我国《民法典》的相关规定，法人应当依法成立。法人应当有自己的名称、组织机构、住所、财产或者经费。法人成立的具体条件和程序，依照法律、行政法规的规定。设立法人，法律、行政法规规定须经有关机关批准的，依照其规定。

法定代表人是指依法律或法人章程规定代表法人行使民事权利，履行民事义务的主要负责人。根据《民法典》规定，依照法律或者法人章程的规定，代表法人从事民事活动的负责人，为法人的法定代表人。法定代表人以法人名义从事的民事活动，其法律后果由法人承受。法人章程或者法人权力机构对法定代表人代表权的限制，不得对抗善意相对人。法定代表人因执行职务造成他人损害的，由法人承担民事责任。法人承担民事责任后，依照法律或者法人章程的规定，可以向有过错的法定代表人追偿。

43. 法人的终止和解散有什么规定？

根据《民法典》第 68 条规定，有下列原因之一并依法完成清算、注销登记的，法人终止：

（1）法人解散；

（2）法人被宣告破产；

（3）法律规定的其他原因。

法人终止，法律、行政法规规定须经有关机关批准的，依照其规定。

根据《民法典》第 69 条规定，有下列情形之一的，法人解散：

（1）法人章程规定的存续期间届满或者法人章程规定的其他解散事由出现；

（2）法人的权力机构决议解散；

（3）因法人合并或者分立需要解散；

（4）法人依法被吊销营业执照、登记证书，被责令关闭或者被撤销；

（5）法律规定的其他情形。

44. 民事权利的分类有哪些？

（1）根据民事权利是否以财产利益为内容，民事权利可分为财产权和人身权。财产权，是指以财产利益为内容，直接体现财产利益的民事权利。财产权既包括物权、债权、继承权，也包括知识产权中的财产权利。人身权，是指不直接具有财产内容，与主体人身不可分离的权利。包括人格权和身份权。

（2）根据权利的作用，民事权利可分为支配权、请求权、抗辩权和形成权。支配权，是指主体对权利客体可直接加以支配并享受其利益的权利。物权、人身权、知识产权都属于支配权。请求权，是指请求他人为一定行为或不为一定行为的权利。抗辩权，广义上是指抗辩请求权或否认他人的权利主张的权利，有的称为异议权；狭义上是指对抗请求权的权利。形成权，是指权利人得以自己一方的意思表示而使法律关系发生变化的权利。

（3）根据民事权利的效力范围，民事权利可分为绝对权和相对权。绝对权，又称对世权，是指其效力及于一切人，即义务人为不特定的任何人的权利。物权、知识产权、人身权都为绝对权。相对权，又称对人权，是指其效力及于特定人的权利，即义务人为特定人的权利。债权为典型的相对权。

（4）根据两项相互关联的权利之间的关系，民事权利可分为主权利与从权利。主权利，是指两项有关联的权利中不依赖另一权利可独立存在的权利。从权利，是指两项有关联的权利中其效力受另一权利制约的权利。

（5）根据相互间是否有派生关系，民事权利可分为原权利与救济权。原权利为基础权利，是权利性民事法律关系中的权利。救济权是由原权派生的，为在原权受到侵害或有受侵害的现实危险而发生的权利，是保护性法律关系中的权利。

（6）根据权利有无移转性，民事权利可分为专属权与非专属权。专属权，是指无移转性，权利人一般不能转让，也不能依继承程序转移的权利。人身权就属于专属权。非专属权，是指具有转移性，权利人可以转让，也可依继承程序移转的权利。财产权多为非专属权。

45.民事法律行为成立的条件是什么?

民事法律行为是民事主体通过意思表示设立、变更、终止民事法律关系的行为。根据《民法典》第 134 条规定,民事法律行为可以基于双方或者多方的意思表示一致成立,也可以基于单方的意思表示成立。法人、非法人组织依照法律或者章程规定的议事方式和表决程序作出决议的,该决议行为成立。

46.民事法律行为的形式是什么?

民事法律行为的形式是民事法律行为的核心要素意思表示的外在表现形式。根据《民法典》的规定,民事法律行为可以采用书面形式、口头形式或者其他形式;法律、行政法规规定或者当事人约定采用特定形式的,应当采用特定形式。

书面形式是指以文字等可以以有形形式再现民事法律行为内容的形式。书面形式的种类很多,根据《民法典》第 469 条规定,书面形式是合同书、信件、电报、电传、传真等可以有形地表现所载内容的形式。

口头形式,是指当事人以面对面的谈话或者以电话交流等方式形成民事法律行为的形式。口头形式的特点是直接、简便和快捷,在现实生活中数额较小或者现款交易的民事法律行为通常都采用口头形式。

除了书面形式和口头形式外,《民法典》规定民事法律行为还可以采用其他形式。例如在合同领域,可以根据当事人的行为或者特定情形推定合同的成立,即默示合同。这类合同在现实生活中很多,例如租房合同的期限届满后,出租人未提出让承租人退房,承租人也未表示退房而是继续交房租,出租人接受了租金。根据双方的行为,可以推定租赁合同继续有效。

47.民事法律行为有效的条件是什么？

根据《民法典》规定，具备下列条件的民事法律行为有效。

（1）行为人具有相应的民事行为能力。公民的民事行为能力，是指公民能够以自己的行为参与民事法律关系，取得民事权利、承担民事义务的能力。法律不仅要求民事法律行为的行为人必须具有行为能力，而且要求民事行为能力与行为人的"相应"。

（2）意思表示真实。意思表示是民事法律行为的核心要素。意思表示真实，即要求行为人的内心意愿为行为人自觉自愿而产生的，同时与其所表达的意思相一致，通常情况下达到这一点有两个要求：一是意思表示自由，不是在受他人欺诈、胁迫之下作出的违背其内心意愿的行为；二是意思表示无误，应当是其内心真实意愿的反映，并非因重大误解等原因而表错意。

（3）不违反法律、行政法规的强制性规定，不违背公序良俗。这是民事法律行为合法性的本质要求。不违反法律、行政法规，指的是意思表示的内容不得与法律、行政法规的强制性或禁止性规范相抵触，也不得滥用法律的授权或任意性规定以规避法律，还应该包括不违反国家政策；不违背公序良俗原则，就是不违背公共秩序和善良习俗。公共秩序，是指政治、经济、文化等领域的基本秩序和根本理念，是与国家和社会整体利益相关的基础性原则、价值和秩序，在以往的民商事立法中被称为社会公共利益。善良习俗是指基于社会主流道德观念的习俗，也被称为社会公共道德，是全体社会成员所普遍认可、遵循的道德准则。善良习俗具有一定的时代性和地域性，随着社会成员的普遍道德观念的改变而改变。公共秩序强调的是国家和社会层面的价值理念，善良习俗突出的则是民间的道德观念，二者相辅相成，互为补充。

此外，限制民事行为能力人实施的纯获利益的民事法律行为或者与其年龄、智力、精神健康状况相适应的民事法律行为有效；实施的其他民事法律行为经法定代理人同意或者追认后有效。

48.哪些民事法律行为无效？

无效民事行为指已经成立的民事行为，严重欠缺民事行为的生效要件，因而自始、绝对、确定、当然、永久地不按照行为人设立、变更、终止民事法律关系的意思表示发生预期效力的民事行为。根据《民法典》规定，下列民事法律行为无效。

（1）无民事行为能力人实施的民事法律行为无效。

（2）行为人与相对人以虚假的意思表示实施的民事法律行为无效。以虚假的意思表示隐藏的民事法律行为的效力，依照有关法律规定处理。

（3）违反法律、行政法规的强制性规定的民事法律行为无效。但是，该强制性规定不导致该民事法律行为无效的除外。

（4）违背公序良俗的民事法律行为无效。

（5）行为人与相对人恶意串通，损害他人合法权益的民事法律行为无效。

49.可撤销的民事法律行为有哪些？

可撤销的民事法律行为，是指在意思表示有瑕疵的情形下实施的民事法律行为，行为人有权请求人民法院或仲裁机构予以撤销。根据《民法典》规定，可撤销民事法律行为的种类包括如下。

（1）基于重大误解实施的民事法律行为，行为人有权请求人民法院或者仲裁机构予以撤销。

（2）一方以欺诈手段，使对方在违背真实意思的情况下实施的民事法律行为，受欺诈方有权请求人民法院或者仲裁机构予以撤销。

（3）第三人实施欺诈行为，使一方在违背真实意思的情况下实施的民事法律行为，对方知道或者应当知道该欺诈行为的，受欺诈方有权请求人民法院或者仲裁机构予以撤销。

（4）一方或者第三人以胁迫手段，使对方在违背真实意思的情况下实施的民事法律行为，受胁迫方有权请求人民法院或者仲裁机构予以撤销。

（5）一方利用对方处于危困状态、缺乏判断能力等情形，致使民事法律行为成立时显失公平的，受损害方有权请求人民法院或者仲裁机构予以撤销。

50.民事法律行为无效与被撤销的法律后果是什么？

无效的或者被撤销的民事法律行为自始没有法律约束力。

民事法律行为部分无效，不影响其他部分效力的，其他部分仍然有效。

民事法律行为无效、被撤销或者确定不发生效力后，行为人因该行为取得的财产，应当予以返还；不能返还或者没有必要返还的，应当折价补偿。有过错的一方应当赔偿对方由此所受到的损失；各方都有过错的，应当各自承担相应的责任。法律另有规定的，依照其规定。

51.代理分哪几种？

《民法典》规定，代理包括委托代理和法定代理。

委托代理是代理人根据被代理人授权而进行的代理，即委托代理的代理权产生自本人的授权行为。委托代理授权采用书面形式的，授权委托书应当载明代理人的姓名或者名称、代理事项、权限和期限，并由被代理人签名或者盖章。委托代理人按照被代理人的委托行使代理权。

法定代理是指以法律的直接规定为根据而产生的代理。法定代理主要是为民事法律行为能力欠缺者设计的，法律根据自然人之间的亲属关系，如父母子女、夫妻等而直接规定的代理权。法定代理人依照法律的规定行使代理权。

52.民事责任的构成要件是什么?

民事责任，是民事主体违反约定或者法定的民事义务而依法应承担的民事法律后果。民事责任的构成要件包括如下几点。

（1）损害事实的客观存在。损害是指因一定的行为或事件使民事主体的权利遭受某种不利的影响。权利主体只有在受损害的情况下才能够请求法律上的救济。

（2）行为的违法性。指对法律禁止性或命令性规定的违反。除了法律有特别规定之外，行为人只应对自己的违法行为承担法律责任。

（3）违法行为与损害事实之间的因果关系。作为构成民事责任要件的因果关系指行为人的行为及其物件与损害事实之间所存在的前因后果的必然联系。

（4）行为人的过错。行为人的过错是行为人在实施违法行为时所具备的心理状态，是构成民事责任的主观要件。

53.承担民事责任的方式有哪些?

根据《民法典》规定，承担民事责任的方式主要有：

（1）停止侵害；

（2）排除妨碍；

（3）消除危险；

（4）返还财产；

（5）恢复原状；

（6）修理、重作、更换；

（7）继续履行；

（8）赔偿损失；

（9）支付违约金；

（10）消除影响、恢复名誉；

（11）赔礼道歉。

法律规定惩罚性赔偿的，依照其规定。

本条规定的承担民事责任的方式，可以单独适用，也可以合并适用。

54.诉讼时效是什么意思？

诉讼时效是指民事权利受到侵害的权利人在法定的时效期间内不行使权利，当时效期间届满时，债务人获得诉讼时效抗辩权。

在法律规定的诉讼时效期间内，原告起诉的，法院依法审理并判决。若超过诉讼时效后起诉的，人民法院应当受理，但受理后，如另一方当事人提出诉讼时效抗辩且查明无中止、中断、延长事由的，判决驳回其诉讼请求。如果另一方当事人未提出诉讼时效抗辩，则视为其自动放弃该权利，法院不得依照职权主动适用诉讼时效，应当受理支持其诉讼请求。

设立诉讼时效制度，主要在于督促权利人及时行使权利、稳定生活秩序、维护法律秩序与交易安全。

55.诉讼时效期间是如何规定的?

向人民法院请求保护民事权利的诉讼时效期间为 3 年。法律另有规定的,依照其规定。

诉讼时效期间自权利人知道或者应当知道权利受到损害以及义务人之日起计算。法律另有规定的,依照其规定。但是,自权利受到损害之日起超过 20 年的,人民法院不予保护,有特殊情况的,人民法院可以根据权利人的申请决定延长。

当事人约定同一债务分期履行的,诉讼时效期间自最后一期履行期限届满之日起计算。

无民事行为能力人或者限制民事行为能力人对其法定代理人的请求权的诉讼时效期间,自该法定代理终止之日起计算。

未成年人遭受性侵害的损害赔偿请求权的诉讼时效期间,自受害人年满 18 周岁之日起计算。

诉讼时效期间届满的,义务人可以提出不履行义务的抗辩。诉讼时效期间届满后,义务人同意履行的,不得以诉讼时效期间届满为由抗辩;义务人已经自愿履行的,不得请求返还。

人民法院不得主动适用诉讼时效的规定。

56.诉讼时效中止的情形有哪些?

诉讼时效中止是指在诉讼时效进行期间,因发生法定事由阻碍权利人行使请求权,诉讼依法暂时停止进行,并在法定事由消失之日起继续进行的情况,又称为时效的暂停。对此,我国《民法典》规定,在诉讼时效期间的最后 6 个月内,因下列障碍,不能行使请求权的,诉讼时效中止:

（1）不可抗力；

（2）无民事行为能力人或者限制民事行为能力人没有法定代理人，或者法定代理人死亡、丧失民事行为能力、丧失代理权；

（3）继承开始后未确定继承人或者遗产管理人；

（4）权利人被义务人或者其他人控制；

（5）其他导致权利人不能行使请求权的障碍。

自中止时效的原因消除之日起满 6 个月，诉讼时效期间届满。

57.诉讼时效中断的情形有哪些？

诉讼时效中断是指在诉讼时效进行期间，因发生一定的法定事由，使已经经过的时效期间统归无效，待时效中断的事由消除后，诉讼时效期间重新计算。对此，我国《民法典》规定，有下列情形之一的，诉讼时效中断，从中断、有关程序终结时起，诉讼时效期间重新计算：

（1）权利人向义务人提出履行请求；

（2）义务人同意履行义务；

（3）权利人提起诉讼或者申请仲裁；

（4）与提起诉讼或者申请仲裁具有同等效力的其他情形。

58.不适用诉讼时效的情形有哪些？

下列请求权不适用诉讼时效的规定：

（1）请求停止侵害、排除妨碍、消除危险；

（2）不动产物权和登记的动产物权的权利人请求返还财产；

（3）请求支付抚养费、赡养费或者扶养费；

（4）依法不适用诉讼时效的其他请求权。

59.不动产登记机构应当履行哪些职责？

不动产登记，是指经权利人或利害关系人申请，由国家专职部门将有关不动产物权及其变动事项记载于不动产登记簿的行为，不动产物权的设立、变更、转让和消灭，应当依照法律规定登记。不动产物权的设立、变更、转让和消灭，经依法登记，发生效力；未经登记，不发生效力，但是法律另有规定的除外。不动产登记，由不动产所在地的登记机构办理。国家对不动产实行统一登记制度。统一登记的范围、登记机构和登记办法，由法律、行政法规规定。

不动产登记机构应当履行下列职责：

（1）查验申请人提供的权属证明和其他必要材料；

（2）就有关登记事项询问申请人；

（3）如实、及时登记有关事项；

（4）法律、行政法规规定的其他职责。

申请登记的不动产的有关情况需要进一步证明的，登记机构可以要求申请人补充材料，必要时可以实地查看。

60.哪些事项由业主共同决定？

根据《民法典》规定，下列事项由业主共同决定：

（1）制定和修改业主大会议事规则；

（2）制定和修改管理规约；

（3）选举业主委员会或者更换业主委员会成员；

（4）选聘和解聘物业服务企业或者其他管理人；

（5）使用建筑物及其附属设施的维修资金；

（6）筹集建筑物及其附属设施的维修资金；

（7）改建、重建建筑物及其附属设施；

（8）改变共有部分的用途或者利用共有部分从事经营活动；

（9）有关共有和共同管理权利的其他重大事项。

业主共同决定事项，应当由专有部分面积占比 2/3 以上的业主且人数占比 2/3 以上的业主参与表决。决定上述第 6 项至第 8 项规定的事项，应当经参与表决专有部分面积 3/4 以上的业主且参与表决人数 3/4 以上的业主同意。决定上述其他事项，应当经参与表决专有部分面积过半数的业主且参与表决人数过半数的业主同意。

61. "共有"有哪些特征？分哪些种类？

共有是两个或两个以上的人（公民或法人）对同一项财产享有所有权。共有的法律特征如下。

第一，共有的主体不是单一的，而是两个或两个以上的公民、法人或公民和法人，如某一所房屋属于甲、乙两人所有。在这一点上共有与其他财产所有权形态不同：它的主体是多数人，而不是单一主体。

第二，共有的客体也是特定的独立物。共有物在共有关系存续期间，不能分割为各个部分由各个共有人分别享有所有权；而是由各个共有人共同享有其所有权，各个共有人的权利及于共有物的全部。

第三，共有人对共有物或者按照各自的份额或者平等地享有权利。但是，共有人对于自己权利的行使，并不是完全独立的：在许多情况下要体现全体共有人的意志，要受其他共有人的利益的制约。

不动产或者动产可以由两个以上组织、个人共有。共有包括按份共有和共同共有。按份共有人对共有的不动产或者动产按照其份额享有所有权。共同共有人对共有的不动产或者动产共同享有所有权。

62.如何理解居住权？

居住权是《民法典》物权编新增的用益物权的种类，是指居住权人有权按照合同约定，对他人的住宅享有占有、使用的用益物权，以满足生活居住的需要。

居住权作为用益物权具有特殊性，即居住权人对于权利客体即住宅只享有占有和使用的权利，不享有收益的权利，不能以此进行出租等营利活动。

根据《民法典》规定，设立居住权，当事人应当采用书面形式订立居住权合同。居住权合同一般包括下列条款：

（1）当事人的姓名或者名称和住所；

（2）住宅的位置；

（3）居住的条件和要求；

（4）居住权期限；

（5）解决争议的方法。

居住权无偿设立，但是当事人另有约定的除外。设立居住权的，应当向登记机构申请居住权登记。居住权自登记时设立。

居住权不得转让、继承。设立居住权的住宅不得出租，但是当事人另有约定的除外。

居住权期限届满或者居住权人死亡的，居住权消灭。居住权消灭的，应当及时办理注销登记。

以遗嘱方式设立居住权的，参照适用上述的有关规定。

63.哪些财产可以抵押？哪些财产不能抵押？

抵押，是指为担保债务的履行，债务人或者第三人不转移财产的占有，将该财产抵押给债权人的，债务人不履行到期债务或者发生当事人约定的实现抵押权的情形，债权人有权就该财产优先受偿。债务人或者第三人为抵押人，债权人为抵押权人，提供担保的财产为抵押财产。

债务人或者第三人有权处分的下列财产可以抵押：

（1）建筑物和其他土地附着物；

（2）建设用地使用权；

（3）海域使用权；

（4）生产设备、原材料、半成品、产品；

（5）正在建造的建筑物、船舶、航空器；

（6）交通运输工具；

（7）法律、行政法规未禁止抵押的其他财产。

下列财产不得抵押：

（1）土地所有权；

（2）宅基地、自留地、自留山等集体所有土地的使用权，但是法律规定可以抵押的除外；

（3）学校、幼儿园、医疗机构等为公益目的成立的非营利法人的教育设施、医疗卫生设施和其他公益设施；

（4）所有权、使用权不明或者有争议的财产；

（5）依法被查封、扣押、监管的财产；

（6）法律、行政法规规定不得抵押的其他财产。

64.合同一般包括哪些条款?

合同的内容由当事人约定，一般包括下列条款：

（1）当事人的姓名或者名称和住所；

（2）标的；

（3）数量；

（4）质量；

（5）价款或者报酬；

（6）履行期限、地点和方式；

（7）违约责任；

（8）解决争议的方法。

当事人可以参照各类合同的示范文本订立合同。

65.哪些情形下，格式条款无效？

格式条款是当事人为了重复使用而预先拟定，并在订立合同时未与对方协商的条款。采用格式条款订立合同的，提供格式条款的一方应当遵循公平原则确定当事人之间的权利和义务，并采取合理的方式提示对方注意免除或者减轻其责任等与对方有重大利害关系的条款，按照对方的要求，对该条款予以说明。提供格式条款的一方未履行提示或者说明义务，致使对方没有注意或者理解与其有重大利害关系的条款的，对方可以主张该条款不成为合同的内容。

根据《民法典》规定，有下列情形之一的，该格式条款无效：

（1）具有本法第 1 编第 6 章第 3 节和本法第 506 条规定的无效情形；

（2）提供格式条款一方不合理地免除或者减轻其责任、加重对方责任、限制对方主要权利；

（3）提供格式条款一方排除对方主要权利。

对格式条款的理解发生争议的，应当按照通常理解予以解释。对格式条款有两种以上解释的，应当作出不利于提供格式条款一方的解释。

格式条款和非格式条款不一致的，应当采用非格式条款。

66.如何行使不安抗辩权？

不安抗辩权亦称保证履行抗辩权，是指先履行债务一方有充分证据证明后履行方的经营状况严重恶化，或者转移财产、抽逃资金以逃避债务，或者谎称有履行能力的欺诈行为，或者可能丧失履行债务能力的情况时，可中止自己的履行；后履行方接收到中止履行的通知后，在合理的期限内提供了适当担保的，先履行方应当履行其债务；在合理的期限内未恢复履行能力或者未提供适当担保的，先履行方可以解除合同。

根据《民法典》规定，应当先履行债务的当事人，有确切证据证明对方有下列情形之一的，可以中止履行：

（1）经营状况严重恶化；

（2）转移财产、抽逃资金，以逃避债务；

（3）丧失商业信誉；

（4）有丧失或者可能丧失履行债务能力的其他情形。

当事人没有确切证据中止履行的，应当承担违约责任。

当事人依据前条规定中止履行的，应当及时通知对方。对方提供适当担保的，应当恢复履行。中止履行后，对方在合理期限内未恢复履行能力且未提供适当担保的，视为以自己的行为表明不履行主要债务，中止履行的一方可以解除合同并可以请求对方承担违约责任。

67.什么是情势变更？

情势变更，是指合同依法有效成立后，全面履行前，因不可归责于当事人的原因，使合同赖以成立的基础或环境发生当事人预料不到的重大变化，若继续维持合同的原有效力则显失公平，受不利影响的一方当事人有权请求法院或仲裁机构变更或解除合同的法律制度。

《民法典》规定，合同成立后，合同的基础条件发生了当事人在订立合同时无法预见的、不属于商业风险的重大变化，继续履行合同对于当事人一方明显不公平的，受不利影响的当事人可以与对方重新协商；在合理期限内协商不成的，当事人可以请求人民法院或者仲裁机构变更或者解除合同。人民法院或者仲裁机构应当结合案件的实际情况，根据公平原则变更或者解除合同。

68.合同如何解除？

合同解除，是指合同当事人一方或者双方依照法律规定或者当事人的约定，依法解除合同效力的行为。合同解除分为以下几种。

（1）协商解除。当事人协商一致，可以解除合同。

（2）约定解除。当事人可以约定一方解除合同的事由。解除合同的事由发生时，解除权人可以解除合同。

（3）法定解除。有下列情形之一的，当事人可以解除合同：

①因不可抗力致使不能实现合同目的；

②在履行期限届满前，当事人一方明确表示或者以自己的行为表明不履行主要债务；

③当事人一方迟延履行主要债务，经催告后在合理期限内仍未履行；

④当事人一方迟延履行债务或者有其他违约行为致使不能实现合同目的；

⑤法律规定的其他情形。

以持续履行的债务为内容的不定期合同，当事人可以随时解除合同，但是应当在合理期限之前通知对方。

法律规定或者当事人约定解除权行使期限，期限届满当事人不行使的，该权利消灭。法律没有规定或者当事人没有约定解除权行使期限，自解除权人知道或者应当知道解除事由之日起 1 年内不行使，或者经对方催告后在合理期限内不行使的，该权利消灭。

当事人一方依法主张解除合同的，应当通知对方。合同自通知到达对方时解除；通知载明债务人在一定期限内不履行债务则合同自动解除，债务人在该期限内未履行债务的，合同自通知载明的期限届满时解除。对方对解除合同有异议的，任何一方当事人均可以请求人民法院或者仲裁机构确认解除行为的效力。当事人一方未通知对方，直接以提起诉讼或者申请仲裁的方式依法主张解除合同，人民法院或者仲裁机构确认该主张的，合同自起诉状副本或者仲裁申请书副本送达对方时解除。

69.无因管理的构成要件是什么？

无因管理，是指没有法定的或约定的义务，为避免他人利益受损失，自愿管理他人事务或为他人提供服务的行为。管理他人事务的人，为管理人；事务被管理的人，为本人。无因管理之债发生后，管理人享有请求本人偿还因管理事务而支出的必要费用的债权，本人负有偿还该项费用的债务。《民法典》规定，管理人没有法定的或者约定的义务，为避免他人利益受损失而管理他人事务的，可以请求受益人偿还因管理事务而支出的必要费用；管理人因管理事务受到损失的，可以请求受益人给予适当补偿。管理事务不符合受益人真实意思的，管理人不享有前款规定的权利；但是，受益人的真实意思违反法律或者违背公序良俗的除外。

无因管理的构成要件有 3：为他人管理事务；有为他人谋利益的意思；没有法定或约定的义务。

（1）为他人管理事务。管理他人事务，就是为他人进行管理或者服务。无因管理之事务，可以是有关财产的事项，也可以是非财产的事项，但应当是适宜成为债的客体的事务。管理的事务必须是他人的事务。如将自己的事务误认为他人的事务而管理，即使目的是为他人避免损失，也不能构成无因管理。

（2）为避免他人利益受损失。即为避免他人利益遭受损失而进行管理或服务。

（3）没有法定或约定义务。无因管理中的"无因"，就是指"没有法定或约定义务"。没有法定或约定义务是无因管理成立的重要条件。衡量管理人有无法定或约定义务，应以客观标准确定，不以管理人的主观认识为标准。如果负有义务而管理人认为没有义务，其管理事务不能构成无因管理；如果本无义务而管理人误认为有义务，其管理事务照样构成无因管理。

70.无因管理中的管理人有哪些义务？

根据《民法典》规定，无因管理中的管理人有下列义务。

（1）适当管理义务。管理人管理他人事务，应当采取有利于受益人的方法。中断管理对受益人不利的，无正当理由不得中断。

（2）通知义务。管理人管理他人事务，能够通知受益人的，应当及时通知受益人。管理的事务不需要紧急处理的，应当等待受益人的指示。

（3）报告和交付义务。管理结束后，管理人应当向受益人报告管理事务的情况。管理人管理事务取得的财产，应当及时转交给受益人。

管理人管理事务经受益人事后追认的，从管理事务开始时起，适用委托合同的有关规定，但是管理人另有意思表示的除外。

71.不当得利的构成要件是什么？

不当得利是指没有合法根据，使他人利益受到损失而自己获得利益的事实。根据《民法典》规定，得利人没有法律根据取得不当利益的，受损失的人可以请求得利人返还取得的利益。

不当得利的构成要件包括以下 4 个方面：

（1）一方取得利益；

（2）另一方受到损失；

（3）获益与受损之间存在因果关系；

（4）一方获益无法律根据。

72.不当得利的返还范围是什么？返还的除外情形有哪些？

得利人不知道且不应当知道取得的利益没有法律根据，取得的利益已经不存在的，不承担返还该利益的义务。

得利人知道或者应当知道取得的利益没有法律根据的，受损失的人可以请求得利人返还其取得的利益并依法赔偿损失。

得利人已经将取得的利益无偿转让给第三人的，受损失的人可以请求第三人在相应范围内承担返还义务。

根据《民法典》规定，得利人没有法律根据取得不当利益的，受损失的人可以请求得利人返还取得的利益，但是有下列情形之一的除外：

（1）为履行道德义务进行的给付；

（2）债务到期之前的清偿；

（3）明知无给付义务而进行的债务清偿。

73.人格权包括哪些内容?

人格权是指为民事主体所固有而由法律直接赋予民事主体所享有的各种人身权利。民事主体的人格权受法律保护,任何组织或者个人不得侵害。

根据《民法典》规定,人格权的具体内容包括:生命权、身体权、健康权、姓名权、名称权、肖像权、名誉权、荣誉权、隐私权等权利。此外,自然人还享有基于人身自由、人格尊严产生的其他人格权益。

(1)生命权。生命权是以自然人的生命安全利益为内容的权利。将生命权作为一种独立的权利,是世界大多数国家的立法例。《民法典》第1002条规定:"自然人享有生命权。自然人的生命安全和生命尊严受法律保护。任何组织或者个人不得侵害他人的生命权。"

(2)身体权。身体权是指自然人保持其身体组织完整并支配其肢体、器官和其他身体组织,行动自由受保护的权利。《民法典》第1003条规定:"自然人享有身体权。自然人的身体完整和行动自由受法律保护。任何组织或者个人不得侵害他人的身体权。"

(3)健康权。健康是指人体各器官系统良好发育及保持正常功能的状态,包括肉体组织和生理及心理机能3个方面。无论对其中哪一方面予以侵害,都构成对自然人健康的侵害。健康权是自然人依法享有的以维护人的身体的上述状态和利益为内容的权利。《民法典》第1004条:"自然人享有健康权。自然人的身心健康受法律保护。任何组织或者个人不得侵害他人的健康权。"

(4)姓名权。姓名权是自然人依法享有的决定、变更和使用自己的姓名并得排除他人干涉或非法使用的权利。《民法典》第1012条规定:"自然人享有姓名权,有权依法决定、使用、变更或者许可他人使用自己的姓名，但是不得违背公序良俗。"

（5）名称权。名称，是特定团体区别于其他团体的文字符号。名称权，即特定团体依法享有的决定、使用、变更及依照法律规定转让自己的名称，并得排除他人的非法干涉及不当使用的权利。《民法典》第1013条规定："法人、非法人组织享有名称权，有权依法决定、使用、变更、转让或者许可他人使用自己的名称。"第1014条规定："任何组织或者个人不得以干涉、盗用、假冒等方式侵害他人的姓名权或者名称权。"

（6）肖像权。肖像是通过影像、雕塑、绘画等方式在一定载体上所反映的特定自然人可以被识别的外部形象。《民法典》第1018条规定："自然人享有肖像权，有权依法制作、使用、公开或者许可他人使用自己的肖像。"

（7）名誉权。名誉是对民事主体的品德、声望、才能、信用等的社会评价。这种评价直接关系到民事主体的人格尊严和社会地位，属于重要的人格利益。名誉权就是自然人或法人依法享有的维护其所获得的社会公正评价并排斥他人侵害的权利。《民法典》第1024条规定："民事主体享有名誉权。任何组织或者个人不得以侮辱、诽谤等方式侵害他人的名誉权。"

（8）荣誉权，荣誉权是指公民、法人所享有的，因自己的突出贡献或特殊劳动成果而获得的光荣称号或其他荣誉的权利。《民法典》1031条规定："民事主体享有荣誉权。任何组织或者个人不得非法剥夺他人的荣誉称号，不得诋毁、贬损他人的荣誉。获得的荣誉称号应当记载而没有记载的，民事主体可以请求记载；获得的荣誉称号记载错误的，民事主体可以请求更正。"

（9）隐私权。隐私权是指自然人享有的私人生活安宁与私人信息秘密依法受到保护，不被他人非法侵扰、知悉、收集、利用和公开的一种人格权。《民法典》第 1032 条规定："自然人享有隐私权。任何组织或者个人不得以刺探、侵扰、泄露、公开等方式侵害他人的隐私权。"

（10）个人信息保护权。《民法典》第 1034 条规定："自然人的个人信息受法律保护。个人信息是以电子或者其他方式记录的能够单独或者与其他信息结合识别特定自然人的各种信息，包括自然人的姓名、出生日期、身份证件号码、生物识别信息、住址、电话号码、电子邮箱、健康信息、行踪信息等。个人信息中的私密信息，适用有关隐私权的规定；没有规定的，适用有关个人信息保护的规定。"

74.婚姻家庭关系的基本原则是什么？

根据《民法典》规定，婚姻家庭关系的基本原则主要有 5 个。

（1）婚姻家庭受国家保护的原则。我国《宪法》第 49 条规定："婚姻、家庭、母亲和儿童受国家保护"。《民法典》第 1041 条重申"婚姻家庭受国家保护"，既是对这一宪法原则的落实，同时也使这一原则更加具体化。

（2）婚姻自由原则。婚姻自由是公民的一项基本权利。婚姻自由是指男女双方有权依法决定自己的婚姻。既不受对方的强迫，也不受第三人的干涉。《民法典》明确规定："禁止包办、买卖婚姻和其他干涉婚姻自由的行为。禁止借婚姻索取财物。"婚姻自由，包括结婚自由和离婚自由。

（3）一夫一妻制原则。一夫一妻，指的是一男一女结为夫妻。我国法律严格维护一夫一妻制度，任何人只能有一个配偶，禁止重婚。禁止有配偶者与他人同居。

（4）男女平等原则。男女平等是指男女在婚姻家庭关系中的权利和义务平等，具体体现在婚姻家庭关系中的方方面面，如夫妻双方平等享有对未成年子女抚养、教育和保护的权利，共同承担对未成年子女抚养、教育和保护的义务、平等处理夫妻共同财产等。

（5）保护妇女、未成年人、老年人、残疾人合法权益原则。在婚姻家庭关系中，妇女、未成年人、老年人、残疾人往往处于弱势者的地位，较难维护自身合法权益，因此，需立法规定予以特别关注，特别是在有关抚养、赡养和离婚后子女抚养教育等问题上法律着重保护妇女、儿童和老人的合法权益。

75.亲属、近亲属及家庭成员指的是什么？

亲属包括配偶、血亲和姻亲。

配偶、父母、子女、兄弟姐妹、祖父母、外祖父母、孙子女、外孙子女为近亲属。

配偶、父母、子女和其他共同生活的近亲属为家庭成员。

76.结婚的基本条件是什么？

（1）结婚应当男女双方完全自愿，禁止任何一方对另一方加以强迫，禁止任何组织或者个人加以干涉。

（2）结婚年龄，男不得早于22周岁，女不得早于20周岁。

（3）符合一夫一妻制的基本原则。

（4）不是直系血亲和三代以内的旁系血亲。

（5）要求结婚的男女双方应当亲自到婚姻登记机关申请结婚登记。符合民法典规定的，予以登记，发给结婚证。完成结婚登记，即确立婚姻关系。未办理结婚登记的，应当补办登记。

77.关于婚姻无效与可撤销婚姻的规定

无效婚姻是指因不具备法定结婚实质要件或形式要件的男女结合，在法律上不具有婚姻效力的制度。根据《民法典》规定，有下列情形之一的，婚姻无效。

（1）重婚。重婚指有配偶的人又与他人结婚，或明知他人有配偶而与之结婚的行为，上述结婚行为既包含事实婚姻，又包含法律婚姻。

（2）有禁止结婚的亲属关系。是指结婚双方之间存在直系血亲或者三代以内的旁系血亲。

（3）未到法定婚龄。是指男方结婚年龄早于22周岁或女方结婚年龄早于20周岁。

可撤销的婚姻，是指因胁迫结婚的，受胁迫的一方或被非法限制人身自由的当事人，可以向婚姻登记机关或人民法院请求撤销该婚姻。可撤销婚姻包括以下几种。

（1）胁迫婚姻。因胁迫结婚的，受胁迫的一方可以向人民法院请求撤销婚姻。请求撤销婚姻的，应当自胁迫行为终止之日起1年内提出。被非法限制人身自由的当事人请求撤销婚姻的，应当自恢复人身自由之日起1年内提出。

（2）隐瞒疾病的可撤销婚姻。一方患有重大疾病的，应当在结婚登记前如实告知另一方；不如实告知的，另一方可以向人民法院请求撤销婚姻。请求撤销婚姻的，应当自知道或者应当知道撤销事由之日起1年内提出。

无效的或者被撤销的婚姻自始没有法律约束力，当事人不具有夫妻的权利和义务。同居期间所得的财产，由当事人协议处理；协议不成的，由人民法院根据照顾无过错方的原则判决。对重婚导致的无效婚姻的财产处理，不得侵害合法婚姻当事人的财产权益。当事人所生的子女，适用民法典关于父母子女的规定。

婚姻无效或者被撤销的，无过错方有权请求损害赔偿。

78.夫妻间的权利和义务有哪些？

夫妻双方平等享有的权利如下。

（1）夫妻双方都有各自使用自己姓名的权利。

（2）夫妻双方都有参加生产、工作、学习和社会活动的自由，一方不得对另一方加以限制或者干涉。

（3）夫妻双方平等享有对未成年子女抚养、教育和保护的权利。

（4）夫妻双方享有日常生活需要的民事代理权。夫妻一方因家庭日常生活需要而实施的民事法律行为，对夫妻双方发生效力，但是夫妻一方与相对人另有约定的除外。夫妻之间对一方可以实施的民事法律行为范围的限制，不得对抗善意相对人。

（5）夫妻有相互继承遗产的权利。

（6）夫妻对共同财产有平等的处理权。

夫妻双方应尽的义务如下。

（1）夫妻有相互忠实的义务。夫妻应当互相忠实，互相尊重，互相关爱；家庭成员应当敬老爱幼，互相帮助，维护平等、和睦、文明的婚姻家庭关系。

（2）夫妻有相互扶养的义务。需要扶养的一方，在另一方不履行扶养义务时，有要求其给付扶养费的权利。

（3）共同承担对未成年子女抚养、教育和保护的义务。

79.哪些财产为夫妻共同财产？哪些财产为夫妻一方的个人财产？

根据《民法典》规定，夫妻在婚姻关系存续期间所得的下列财产，为夫妻的共同财产，归夫妻共同所有：

（1）工资、奖金、劳务报酬；

（2）生产、经营、投资的收益；

（3）知识产权的收益；

（4）继承或者受赠的财产，但是本法第 1063 条第 3 项规定的除外；

（5）其他应当归共同所有的财产。

根据《民法典》规定，下列财产为夫妻一方的个人财产：

（1）一方的婚前财产；

（2）一方因受到人身损害获得的赔偿或者补偿；

（3）遗嘱或者赠与合同中确定只归一方的财产；

（4）一方专用的生活用品；

（5）其他应当归一方的财产。

80.婚姻关系存续期间夫妻共同财产可以分割吗？

婚姻关系存续期间，有下列情形之一的，夫妻一方可以向人民法院请求分割共同财产：

（1）一方有隐藏、转移、变卖、毁损、挥霍夫妻共同财产或者伪造夫妻共同债务等严重损害夫妻共同财产利益的行为；

（2）一方负有法定扶养义务的人患重大疾病需要医治，另一方不同意支付相关医疗费用。

81.关于离婚条件的规定

根据《民法典》规定，男女双方自愿离婚的，应当订立书面离婚协议，并亲自到婚姻登记机关申请离婚登记。婚姻登记机关查明双方确实是自愿离婚，并已对子女抚养、财产及债务处理等事项协商一致的，予以登记，发给离婚证。男女一方要求离婚的，可以由有关组织进行调解或者直接向人民法院提起离婚诉讼。人民法院审理离婚案件，应当进行调解；如果感情确已破裂，调解无效的，应当准予离婚。有下列情形之一，调解无效的，应当准予离婚：

（1）重婚或者与他人同居；

（2）实施家庭暴力或者虐待、遗弃家庭成员；

（3）有赌博、吸毒等恶习屡教不改；

（4）因感情不和分居满2年；

（5）其他导致夫妻感情破裂的情形。

一方被宣告失踪，另一方提起离婚诉讼的，应当准予离婚。

经人民法院判决不准离婚后，双方又分居满1年，一方再次提起离婚诉讼的，应当准予离婚。

完成离婚登记，或者离婚判决书、调解书生效，即解除婚姻关系。还有两种特殊情况：一种是现役军人的配偶要求离婚，应当征得军人同意，但是军人一方有重大过错的除外；另一种是女方在怀孕期间、分娩后1年内或者终止妊娠后6个月内，男方不得提出离婚，但是女方提出离婚或者人民法院认为确有必要受理男方离婚请求的除外。

82.关于离婚冷静期的规定

离婚冷静期是指夫妻离婚时，政府强制要求双方暂时分开考虑清楚后再行决定的一段缓冲时间。为了降低我国离婚率，避免冲动离婚，减少不应离婚案件的数量，《民法典》对于协议离婚新增了关于离婚冷静期的规定。

根据《民法典》规定，自婚姻登记机关收到离婚登记申请之日起30日内，任何一方不愿意离婚的，可以向婚姻登记机关撤回离婚登记申请。前款规定期限届满后30日内，双方应当亲自到婚姻登记机关申请发给离婚证；未申请的，视为撤回离婚登记申请。

《民法典》的"离婚冷静期"适用范围仅限于婚姻登记机关协议离婚，不适用诉讼离婚。

83.关于离婚经济补偿、离婚损害赔偿的规定

《民法典》规定，夫妻一方因抚育子女、照料老年人、协助另一方工作等负担较多义务的，离婚时有权向另一方请求补偿，另一方应当给予补偿。具体办法由双方协议；协议不成的，由人民法院判决。

离婚损害赔偿制度是法律赋予婚姻中无过错方在离婚时的一种救济。我国的民法典对离婚损害赔偿的法定情形作出了明确的规定。有下列情形之一，导致离婚的，无过错方有权请求损害赔偿：

（1）重婚；

（2）与他人同居；

（3）实施家庭暴力；

（4）虐待、遗弃家庭成员；

（5）有其他重大过错。

夫妻一方隐藏、转移、变卖、毁损、挥霍夫妻共同财产，或者伪造夫妻共同债务企图侵占另一方财产的，在离婚分割夫妻共同财产时，对该方可以少分或者不分。离婚后，另一方发现有上述行为的，可以向人

民法院提起诉讼，请求再次分割夫妻共同财产。

84.继承有哪几种方式？

继承，指将死者生前的财产和其他合法权益转归有权取得该项财产的人所有的一项法律制度。死亡之人被称为被继承人，遗产承受者称之为继承人。继承从被继承人死亡时开始。相互有继承关系的数人在同一事件中死亡，难以确定死亡时间的，推定没有其他继承人的人先死亡。都有其他继承人，辈分不同的，推定长辈先死亡；辈分相同的，推定同时死亡，相互不发生继承。

根据继承中被继承人是否作出意思表示，继承可以分为法定继承和遗嘱继承，则继承的方式包括法定继承和遗嘱继承两种。然而，除了法定继承和遗嘱继承外，我国还存在一种特殊的法律制度对遗产进行分配，即通过遗赠扶养协议转移遗产。根据遗赠扶养协议继受遗产的人称为受遗赠人，严格来说不属于继承人，但从广泛意义来看，又是遗产转移的一种方式，因此这里将其称为一种继承方式。

（1）法定继承。是指继承人的范围、继承顺序、继承份额等均由法律直接规定的继承方式。根据我国法律关于法定继承的规定，遗产在法律上当然直接归属于继承人，继承人不需要作出承认的意思表示。

（2）遗嘱继承。是指被继承人生前作出意思表示，对其财产进行处分，遗产于其死后按照该意思表示进行移转的继承方式。

（3）遗赠扶养协议。是指约定扶养人对被扶养人承担生养死葬的义务，并于被扶养人死后继受其全部或部分遗产的协议。

当3种继承方式并存时，遗赠扶养协议优于遗嘱继承，遗嘱继承又优于法定继承。即当同时存在受遗赠人、遗嘱继承人和法定继承人时，首先由受遗赠人根据遗赠扶养协议继承遗产，其次由遗嘱继承人根据遗嘱继承遗产，最后由法定继承人根据法律规定继承遗产。如果遗产不足以同时实现 3 种财产继受人的权利，仍根据上述顺序优先满足顺位在先的遗产继受人。

85.法定继承人的范围和顺序是什么？

根据《民法典》规定，遗产按照下列顺序继承。

（1）第一顺序：配偶、子女、父母。这里所称子女，包括婚生子女、非婚生子女、养子女和有扶养关系的继子女。父母，包括生父母、养父母和有扶养关系的继父母。

（2）第二顺序：兄弟姐妹、祖父母、外祖父母。这里所称兄弟姐妹，包括同父母的兄弟姐妹、同父异母或者同母异父的兄弟姐妹、养兄弟姐妹、有扶养关系的继兄弟姐妹。

继承开始后，由第一顺序继承人继承，第二顺序继承人不继承；没有第一顺序继承人继承的，由第二顺序继承人继承。

被继承人的子女先于被继承人死亡的，由被继承人的子女的直系晚辈血亲代位继承。

被继承人的兄弟姐妹先于被继承人死亡的，由被继承人的兄弟姐妹的子女代位继承。

代位继承人一般只能继承被代位继承人有权继承的遗产份额。

丧偶儿媳对公婆，丧偶女婿对岳父母，尽了主要赡养义务的，作为第一顺序继承人。

86.法定继承的遗产分配原则是什么？

法定继承的遗产分配原则指的是在法定继承中确定同一顺序的法定继承人应分得的遗产份额的基本准则。《民法典》第 1130 条对法定继承的遗产分配原则做了明确规定，我们应从以下两个方面来理解。

（1）同一顺序继承人继承遗产的份额，一般应当均等。这是法定继承中遗产分配的一般原则，即同一顺序的法定继承人应该平均分配遗产。

（2）特殊情况下法定继承人的继承份额可以不均等。根据《民法典》的有关规定，"特殊情况"主要如下：

①对生活有特殊困难又缺乏劳动能力的继承人，分配遗产时，应当予以照顾；

②对被继承人尽了主要扶养义务或者与被继承人共同生活的继承人，分配遗产时，可以多分；

③有扶养能力和有扶养条件的继承人，不尽扶养义务的，分配遗产时，应当不分或者少分；

④继承人协商同意的，也可以不均等；

⑤对继承人以外的依靠被继承人扶养的人，或者继承人以外的对被继承人扶养较多的人，可以分给适当的遗产。

87.遗嘱的形式有哪些？

自然人可以依照民法典规定立遗嘱处分个人财产，并可以指定遗嘱执行人。自然人可以立遗嘱将个人财产指定由法定继承人中的 1 人或者数人继承。自然人可以立遗嘱将个人财产赠与国家、集体或者法定继承人以外的组织、个人。自然人可以依法设立遗嘱信托。根据《民法典》规定，遗嘱的形式如下。

（1）自书遗嘱。自书遗嘱由遗嘱人亲笔书写，签名，注明年、月、日。自书遗嘱的内容必须由立遗嘱人亲笔书写，并写明此份遗嘱设立的准确时间，以便认定遗嘱人在书写自书遗嘱时是否具有行为能力，也可在有多份自书遗嘱时，判断应以哪一份为准。

（2）代书遗嘱。代书遗嘱应当有两个以上见证人在场见证，由其中 1 人代书，并由遗嘱人、代书人和其他见证人签名，注明年、月、日。设立代书遗嘱通常是因为遗嘱人不识字或者因其他原因无法亲自书写，委托与遗嘱人、继承人没有利害关系的见证人代为书写遗嘱。该类遗嘱的内容是由其中 1 位见证人书写，遗嘱书写完毕后，交由其他见证人核实，并向遗嘱人当场宣读，经遗嘱人认定无误后，由代书人、其他见证人和遗嘱人签名，并注明年、月、日。根据《民法典》第 1140 条规定，见证人应当具有完全民事行为能力，且继承人、受遗赠人或者与继承人、受遗赠人有利害关系的人不能作为遗嘱的见证人。

（3）打印遗嘱。打印遗嘱应当有两个以上见证人在场见证。遗嘱人和见证人应当在遗嘱每一页签名，注明年、月、日。该类遗嘱可能是遗嘱人亲自操作电脑，也可以是见证人进行操作。需要注意的是打印遗嘱需要遗嘱人和见证人在每一页上签字并注明年、月、日。

（4）录音录像遗嘱。以录音录像形式立的遗嘱，应当有两个以上见证人在场见证。遗嘱人和见证人应当在录音录像中记录其姓名或者肖像，以及年、月、日。一般情况下，在制作录音录像遗嘱时应由遗嘱人亲自叙述遗嘱的全部内容，并由两个以上的见证人在场见证，见证人的个人信息部分亦应逐一明确并录制，同时还要对录制情况作出说明。整个叙述和见证过程应当全程同步进行摄像、录音。

（5）口头遗嘱。遗嘱人在危急情况下，可以立口头遗嘱。口头遗嘱应当有两个以上见证人在场见证。危急情况消除后，遗嘱人能够以书面或者录音录像形式立遗嘱的，所立的口头遗嘱无效。口头遗嘱是在遗嘱人处在生命垂危或者其他紧急情况下，来不及订立其他遗嘱的情况下，可以订立口头遗嘱。口头遗嘱仅在紧急情况下订立，如果紧急情况解除，遗嘱人可以用其他形式的方式订立遗嘱的，口头遗嘱当然失效，而不论遗嘱人是否重新订立遗嘱。

（6）公证遗嘱。公证遗嘱由遗嘱人经公证机构办理。遗嘱公证由遗嘱人住所地或者遗嘱行为发生地公证处管辖。遗嘱人申办遗嘱公证须亲自到公证处提出申请。如果遗嘱人亲自到公证处有困难的，可以书面或者口头形式请求有管辖权的公证处指派公证人员到其住所或者临时处所办理。根据《遗嘱公证细则》第6条规定，遗嘱公证应当由两名公证人员共同办理，由其中1名公证员在公证书上署名。因特殊情况由一名公证员办理时，应当有1名见证人在场，见证人应当在遗嘱和笔录上签名。

由于遗嘱公证严格、复杂的程序，撤销或变更公证遗嘱同样面临复杂的流程，为了实现遗嘱人分配遗产的真实意愿，且基于遗嘱的私密性和更新遗嘱的效率考虑，《民法典》将公证遗嘱的优先效力取消。且在《民法典》第1142条中规定："遗嘱人可以撤回、变更自己所立的遗嘱。立遗嘱后，遗嘱人实施与遗嘱内容相反的民事法律行为的，视为对遗嘱相关内容的撤回。立有数份遗嘱，内容相抵触的，以最后的遗嘱为准。"充分尊重遗嘱人处分其财产的真实意思表示。

88.侵权责任的特征有哪些？

侵权责任是指民事主体因实施侵权行为而应承担的民事法律后果。《民法典》规定，行为人因过错侵害他人民事权益造成损害的，应当承担侵权责任。依照法律规定推定行为人有过错，其不能证明自己没有过错的，应当承担侵权责任。

侵权责任的特征表现在以下方面。

（1）侵权责任是民事主体因违反法律规定的义务而应承担的法律后果。而约定义务则是特定当事人之间设定的某种义务，违反约定义务，构成违约责任。

（2）侵权责任产生的基础是侵权行为，没有侵权行为则不存在承担侵权责任的问题。

（3）侵权责任的行为人或责任人除了要承担赔偿损失、返还财产等财产责任外，在很多情况下，还可能同时承担停止侵害、恢复名誉、消除影响、赔礼道歉等非财产形式的责任。

89.一般侵权责任的构成要件是什么？

一般侵权责任的构成要件，是指在一般情况下，构成侵权责任所必须具备的因素。只有同时具备这些要件，侵权责任才能成立。欠缺任何一个构成要件，都可能会导致一般侵权责任的不构成。

侵权责任的构成要件包括行为、过错、损害事实和因果关系4个构成要件。

（1）行为。行为是指侵犯他人权利或者合法利益的加害行为本身。若无行为人的行为，就不会产生侵权责任。侵犯权利的行为因为违反了法定义务，故具有违法性。违法行为是指公民或者法人违反法定义务、违反法律禁止性规定而实施的作为或者不作为。

（2）过错。过错是指行为人致人损害时的心理状态。过错分为故意和过失两种形式。故意是指行为人明知自己的行为会发生侵害他人权益的结果，并且希望或者放任这种结果发生的主观状态。过失是指行为人应当预见自己的行为可能发生侵害他人权益的结果，但却因为疏忽大意而没有预见，或者已经预见而轻信能够避免的主观状态。在过错责任原则中，过错是确定行为人是否承担侵权责任的核心要件，也是人民法院审理侵权案件的主要考虑因素。行为人的行为造成损害并不必然承担侵权责任，必须要看其是否有过错，无过错即无责任。

（3）损害事实。损害事实是指他人财产或者人身权益所遭受的不利影响，包括财产损害、非财产损害，非财产损害又包括人身损害、精神损害。

（4）因果关系。即行为人的违法行为与受害人的损害之间有因果关系。因果关系是指行为人的行为作为原因，损害事实作为结果，在二者之间存在的前者导致后者发生的客观联系。因果关系是侵权行为的必备构成要件，在行为与损害事实之间确定存在因果关系的，就有可能构成侵权责任，没有因果关系就必然地不构成侵权责任。

90.关于损害赔偿的规定有哪些？

《民法典》关于损害赔偿的规定主要如下。

（1）人身损害赔偿范围：侵害他人造成人身损害的，应当赔偿医疗费、护理费、交通费、营养费、住院伙食补助费等为治疗和康复支出的合理费用，以及因误工减少的收入。造成残疾的，还应当赔偿辅助器具费和残疾赔偿金；造成死亡的，还应当赔偿丧葬费和死亡赔偿金。因同一侵权行为造成多人死亡的，可以以相同数额确定死亡赔偿金。

（2）被侵权人死亡时请求权主体的确定。被侵权人死亡的，其近亲属有权请求侵权人承担侵权责任。被侵权人为组织，该组织分立、合并的，承继权利的组织有权请求侵权人承担侵权责任。被侵权人死亡的，支付被侵权人医疗费、丧葬费等合理费用的人有权请求侵权人赔偿费用，但是侵权人已经支付该费用的除外。

（3）侵害人身权益造成财产损失的赔偿数额的确定。侵害他人人身权益造成财产损失的，按照被侵权人因此受到的损失或者侵权人因此获得的利益赔偿；被侵权人因此受到的损失以及侵权人因此获得的利益难以确定，被侵权人和侵权人就赔偿数额协商不一致，向人民法院提起诉讼的，由人民法院根据实际情况确定赔偿数额。

（4）精神损害赔偿。侵害自然人人身权益造成严重精神损害的，被侵权人有权请求精神损害赔偿。因故意或者重大过失侵害自然人具有人身意义的特定物造成严重精神损害的，被侵权人有权请求精神损害赔偿。

（5）财产损失计算方式。侵害他人财产的，财产损失按照损失发生时的市场价格或者其他合理方式计算。

（6）侵害知识产权的惩罚性赔偿。故意侵害他人知识产权，情节严重的，被侵权人有权请求相应的惩罚性赔偿。

（7）公平责任原则。受害人和行为人对损害的发生都没有过错的，依照法律的规定由双方分担损失。

（8）赔偿费用支付方式。损害发生后，当事人可以协商赔偿费用的支付方式。协商不一致的，赔偿费用应当一次性支付；一次性支付确有困难的，可以分期支付，但是被侵权人有权请求提供相应的担保。

四

刑法相关知识

91.我国刑法的任务是什么？

刑法是规定犯罪、刑事责任和刑罚的法律，是掌握政权的统治阶级为了维护本阶级政治上的统治和经济上的利益，根据其阶级意志，规定哪些行为是犯罪并应当负刑事责任，给予犯罪人何种刑事处罚的法律。刑法有广义刑法与狭义刑法之分。广义刑法是指一切规定犯罪、刑事责任和刑罚的法律规范的总和，包括刑法典、单行刑法以及非刑事法律中的刑事责任条款。狭义刑法是指刑法典。

根据《刑法》第2条规定，中华人民共和国刑法的任务，是用刑罚同一切犯罪行为作斗争，以保卫国家安全，保卫人民民主专政的政权和社会主义制度；保护国有财产和劳动群众集体所有的财产，保护公民私人所有的财产，保护公民的人身权利、民主权利和其他权利，维护社会秩序、经济秩序，保障社会主义建设事业的顺利进行。

92.我国刑法的基本原则是什么？

我国刑法的基本原则如下。

（1）罪刑法定原则。法律明文规定为犯罪行为的，依照法律定罪处刑；法律没有明文规定为犯罪行为的，不得定罪处刑。

（2）法律面前人人平等原则。对任何人犯罪，在适用法律上一律平等。不允许任何人有超越法律的特权。

（3）罪责刑相适应原则。刑罚的轻重，应当与犯罪分子所犯罪行和承担的刑事责任相适应。

93.什么是犯罪？犯罪构成有哪 4 个要件？

一切危害国家主权、领土完整和安全，分裂国家、颠覆人民民主专政的政权和推翻社会主义制度，破坏社会秩序和经济秩序，侵犯国有财产或者劳动群众集体所有的财产，侵犯公民私人所有的财产，侵犯公民的人身权利、民主权利和其他权利，以及其他危害社会的行为，依照法律应当受刑罚处罚的，都是犯罪，但是情节显著轻微危害不大的，不认为是犯罪。

犯罪构成是指依照我国刑法规定，决定某一具体行为的社会危害性及其程度，为该行为构成犯罪所必需的一切客观和主观要件的有机统一，是使行为人承担刑事责任的根据。任何一种犯罪的成立都必须具备 4 个方面的构成要件，即犯罪主体、犯罪主观方面、犯罪客体和犯罪客观方面。

犯罪主体是指实施危害社会的行为，依法应当负刑事责任的自然人或单位。

犯罪主观方面是指犯罪主体对自己危害行为及其危害结果所持的心理态度。行为人的罪过（包括故意和过失）是一切犯罪构成都必须具备的主观方面要件，有些犯罪的构成还要求行为人主观上具有特定的犯罪目的。

犯罪客体，是指刑法所保护而为犯罪所侵犯的社会主义社会关系。

犯罪客观方面是指犯罪活动的客观外在表现，包括危害行为、危害结果。某些特定犯罪的构成还要求行为人的行为发生在特定的时间、地点或者损害特定的对象等。

94.我国刑法关于刑事责任年龄是怎样规定的？

已满 16 周岁的人犯罪，应当负刑事责任。

已满 14 周岁不满 16 周岁的人，犯故意杀人、故意伤害致人重伤或者死亡、强奸、抢劫、贩卖毒品、放火、爆炸、投放危险物质罪的，应当负刑事责任。

已满 12 周岁不满 14 周岁的人，犯故意杀人、故意伤害罪，致人死亡或者以特别残忍手段致人重伤造成严重残疾，情节恶劣，经最高人民检察院核准追诉的，应当负刑事责任。

对依照前 3 款规定追究刑事责任的不满 18 周岁的人，应当从轻或者减轻处罚。

因不满 16 周岁不予刑事处罚的，责令其父母或者其他监护人加以管教；在必要的时候，依法进行专门矫治教育。

已满 75 周岁的人故意犯罪的，可以从轻或者减轻处罚；过失犯罪的，应当从轻或者减轻处罚。

95.精神病人犯罪需要负刑事责任吗？

根据《刑法》规定，精神病人在不能辨认或者不能控制自己行为的时候造成危害结果，经法定程序鉴定确认的，不负刑事责任，但是应当责令他的家属或者监护人严加看管和医疗；在必要的时候，由政府强制医疗。

间歇性的精神病人在精神正常的时候犯罪，应当负刑事责任。

尚未完全丧失辨认或者控制自己行为能力的精神病人犯罪的，应当负刑事责任，但是可以从轻或者减轻处罚。

96.什么是故意犯罪？什么是过失犯罪？

明知自己的行为会发生危害社会的结果，并且希望或者放任这种结果发生，因而构成犯罪的，是故意犯罪。故意犯罪，应当负刑事责任。

应当预见自己的行为可能发生危害社会的结果，因为疏忽大意而没有预见，或者已经预见而轻信能够避免，以致发生这种结果的，是过失犯罪。

过失犯罪，法律有规定的才负刑事责任。

97.什么是不可抗力和意外事件？

不可抗力是指行为虽然在客观上造成了损害结果，但行为人不是出于故意或过失，而是由于不能抗拒的原因引起的。意外事件是指行为虽然在客观造成了危害结果，但行为人不是出于故意或过失，而是由于不可预见的原因引起的称作意外事件。《刑法》第 16 条规定，行为在客观上虽然造成了损害结果，但是不是出于故意或者过失，而是由于不能抗拒或者不能预见的原因所引起的，不是犯罪。

98.正当防卫应当符合哪些条件？

正当防卫，指对正在进行不法侵害行为的人，而采取的制止不法侵害的行为，对不法侵害人造成一定限度损害的，属于正当防卫，不负刑事责任。根据《刑法》规定，为了使国家、公共利益、本人或者他人的人身、财产和其他权利免受正在进行的不法侵害，而采取的制止不法侵害的行为，对不法侵害人造成损害的，属于正当防卫，不负刑事责任。正当防卫明显超过必要限度造成重大损害的，应当负刑事责任，但是应当减轻或者免除处罚。对正在进行行凶、杀人、抢劫、强奸、绑架以及其他严重危及人身安全的暴力犯罪，采取防卫行为，造成不法侵害人伤亡的，不属于防卫过当，不负刑事责任。

正当防卫应当符合下列条件：

（1）正当防卫所针对的，必须是不法侵害；

（2）必须是在不法侵害正在进行的时候；

（3）正当防卫不能超越一定限度。

99.紧急避险应当符合哪些条件？

紧急避险是为了使个人和公共利益免受正在发生的危险，不得已而采取的紧急避险行为，如果造成损害的，不负刑事责任。根据《刑法》规定，为了使国家、公共利益、本人或者他人的人身、财产和其他权利免受正在发生的危险，不得已采取的紧急避险行为，造成损害的，不负刑事责任。紧急避险超过必要限度造成不应有的损害的，应当负刑事责任，但是应当减轻或者免除处罚。

紧急避险应当符合下列条件。

（1）必须针对正在发生的紧急危险。如果人的行为构成紧急危险，必须是违法行为。

（2）所采取的行为应当是避免危险所必需的。

（3）所保全的必须是法律所保护的权利。

（4）不可超过必要的限度，就是说，所损害的利益应当小于所保全的利益。紧急避险不负法律责任。在职务上、业务上负有特定责任的人，不得在发生与其特定责任有关的危险时实行紧急避险。

100.我国刑罚的种类有哪些？

我国刑法规定的刑罚有主刑和附加刑两类。其中主刑有以下 5 种。

（1）管制。期限为3个月以上2年以下，数罪并罚不得超过3年。

（2）拘役。期限为1个月以上6个月以下，数罪并罚不得超过1年。

（3）有期徒刑。期限为6个月以上15年以下，数罪并罚不得超过25年。

（4）无期徒刑。

（5）死刑。犯罪的时候不满18周岁的人和审判的时候怀孕的妇女不适用死刑。

附加刑有以下3种。

（1）罚金。

（2）剥夺政治权利。

（3）没收财产。

对于犯罪的外国人，可以独立适用或者附加适用驱逐出境。

101.缓刑的适用条件是什么？

缓刑指的是对触犯刑法，且已构成犯罪、应受到对应刑罚处罚的犯罪分子，先行定罪但暂不执行所判罪的刑罚。

根据《刑法》规定，对于被判处拘役、3年以下有期徒刑的犯罪分子，同时符合下列条件的，可以宣告缓刑，对其中不满18周岁的人、怀孕的妇女和已满75周岁的人，应当宣告缓刑：

（1）犯罪情节较轻；

（2）有悔罪表现；

（3）没有再犯罪的危险；

（4）宣告缓刑对所居住社区没有重大不良影响。

宣告缓刑，可以根据犯罪情况，同时禁止犯罪分子在缓刑考验期限内从事特定活动，进入特定区域、场所，接触特定的人。

被宣告缓刑的犯罪分子，如果被判处附加刑，附加刑仍须执行。

拘役的缓刑考验期限为原判刑期以上1年以下，但是不能少于2个月。有期徒刑的缓刑考验期限为原判刑期以上5年以下，但是不能少于1年。缓刑考验期限，从判决确定之日起计算。

对于累犯和犯罪集团的首要分子，不适用缓刑。

102.减刑的适用条件与限度是什么？

根据《刑法》规定，被判处管制、拘役、有期徒刑、无期徒刑的犯罪分子，在执行期间，如果认真遵守监规，接受教育改造，确有悔改表现的，或者有立功表现的，可以减刑；有下列重大立功表现之一的，应当减刑：

（1）阻止他人重大犯罪活动的；

（2）检举监狱内外重大犯罪活动，经查证属实的；

（3）有发明创造或者重大技术革新的；

（4）在日常生产、生活中舍己救人的；

（5）在抗御自然灾害或者排除重大事故中，有突出表现的；

（6）对国家和社会有其他重大贡献的。

减刑以后实际执行的刑期不能少于下列期限：

（1）判处管制、拘役、有期徒刑的，不能少于原判刑期的1/2；

（2）判处无期徒刑的，不能少于13年；

（3）人民法院依照本法第50条第2款规定限制减刑的死刑缓期执行的犯罪分子，缓期执行期满后依法减为无期徒刑的，不能少于25年，缓期执行期满后依法减为25年有期徒刑的，不能少于20年。

对于犯罪分子的减刑，由执行机关向中级以上人民法院提出减刑建议书。人民法院应当组成合议庭进行审理，对确有悔改或者立功事实的，裁定予以减刑。非经法定程序不得减刑。

无期徒刑减为有期徒刑的刑期，从裁定减刑之日起计算。

103.假释的适用条件和考验期限是什么？

假释是中国刑法中一项重要的刑罚执行制度，指对被判处有期徒刑、无期徒刑的犯罪分子，在执行一定刑期后，因其遵守监规、接受教育和改造、患有严重疾病、确有悔改表现、不致再危害社会，而附条件地将其予以提前释放的制度。

根据《刑法》规定，被判处有期徒刑的犯罪分子，执行原判刑期1/2以上，被判处无期徒刑的犯罪分子，实际执行13年以上，如果认真遵守监规，接受教育改造，确有悔改表现，没有再犯罪的危险的，可以假释。如果有特殊情况，经最高人民法院核准，可以不受上述执行刑期的限制。

对累犯以及因故意杀人、强奸、抢劫、绑架、放火、爆炸、投放危险物质或者有组织的暴力性犯罪被判处10年以上有期徒刑、无期徒刑的犯罪分子，不得假释。

对犯罪分子决定假释时，应当考虑其假释后对所居住社区的影响。

有期徒刑的假释考验期限，为没有执行完毕的刑期；无期徒刑的假释考验期限为10年。假释考验期限，从假释之日起计算。

104.刑事案件的追诉时效期限是多少？

"追诉时效"，是指依照法律规定对犯罪分子追究刑事责任的有效期限。在法定的追诉期限内，司法机关有权依法追究犯罪分子的刑事责任；超过法定追诉时限，不应再追究犯罪分子的刑事责任，已经追究的，应当撤销案件或者不起诉或者终止审理。

根据《刑法》规定，犯罪经过下列期限不再追诉：

（1）法定最高刑为不满 5 年有期徒刑的，经过 5 年；

（2）法定最高刑为 5 年以上不满 10 年有期徒刑的，经过 10 年；

（3）法定最高刑为 10 年以上有期徒刑的，经过 15 年；

（4）法定最高刑为无期徒刑、死刑的，经过 20 年。如果 20 年以后认为必须追诉的，须报请最高人民检察院核准。

在人民检察院、公安机关、国家安全机关立案侦查或者在人民法院受理案件以后，逃避侦查或者审判的，不受追诉期限的限制。被害人在追诉期限内提出控告，人民法院、人民检察院、公安机关应当立案而不予立案的，不受追诉期限的限制。

追诉期限从犯罪之日起计算；犯罪行为有连续或者继续状态的，从犯罪行为终了之日起计算。

在追诉期限以内又犯罪的，前罪追诉的期限从犯后罪之日起计算。

五

行政法相关知识

105.如何理解行政法与行政行为？

行政法，是有关国家行政管理的一切法律法规的总称。行政法是国家法律体系中一个重要组成部分。它是个独立的法律部门，它规定着国家行政机关的组织、职责权限、活动原则、管理制度和工作程序，以此来调整国家和各种行政机关之间，以及国家行政机关同其他国家机关、企业事业单位、社会团体和公民之间发生的社会关系。行政法，包括国家民政、治安、司法、军事、外事、财经、文教、卫生、科技、人事等各方面行政管理的法律法规。

行政行为指行政主体行使行政职权对相对人产生法律效果的行为。第一，行政行为的主体是行政机关，得到法律、法规或规章授权的非行政机关组织体（包括行政机构、企事业单位和社会团体）；第二，行政行为必须是行政主体行使行政职权的行为；第三，行政行为必须是对相对人的权利义务产生法律影响的行为。

行政行为可分为：抽象行政行为与具体行政行为；内部行政行为与外部行政行为；作为行政行为和不作为行政行为；单方行政行为和双方行政行为；行政法律行为和行政事实行为。

106.行政许可有哪些特征？

行政许可，是指行政机关根据公民、法人或者其他组织的申请，经依法审查，准予其从事特定活动的行为。行政许可有以下3个特征：

第一，行政许可是依申请的行政行为；

第二，行政许可是一种经依法审查的行为；

第三，行政许可是一种授益性行政行为。

《中华人民共和国行政许可法》规定：设定和实施行政许可，应当遵循公开、公平、公正、非歧视的原则。

实施行政许可，应当遵循便民的原则，提高办事效率，提供优质服务。

107.公民、法人或者其他组织在行政许可过程中有哪些权利？

公民、法人或者其他组织对行政机关实施行政许可，享有陈述权、申辩权；有权依法申请行政复议或者提起行政诉讼；其合法权益因行政机关违法实施行政许可受到损害的，有权依法要求赔偿。

108.哪些事项可以设定行政许可？

下列事项可以设定行政许可：

（1）直接涉及国家安全、公共安全、经济宏观调控、生态环境保护以及直接关系人身健康、生命财产安全等特定活动，需要按照法定条件予以批准的事项；

（2）有限自然资源开发利用、公共资源配置以及直接关系公共利益的特定行业的市场准入等，需要赋予特定权利的事项；

（3）提供公众服务并且直接关系公共利益的职业、行业，需要确定具备特殊信誉、特殊条件或者特殊技能等资格、资质的事项；

（4）直接关系公共安全、人身健康、生命财产安全的重要设备、设施、产品、物品，需要按照技术标准、技术规范，通过检验、检测、检疫等方式进行审定的事项；

（5）企业或者其他组织的设立等，需要确定主体资格的事项；

（6）法律、行政法规规定可以设定行政许可的其他事项。

109.如何提出行政许可申请？

公民、法人或者其他组织从事特定活动，依法需要取得行政许可的，应当向行政机关提出申请。申请书需要采用格式文本的，行政机关应当向申请人提供行政许可申请书格式文本。申请书格式文本中不得包含与申请行政许可事项没有直接关系的内容。

申请人可以委托代理人提出行政许可申请。但是，依法应当由申请人到行政机关办公场所提出行政许可申请的除外。

行政许可申请可以通过信函、电报、电传、传真、电子数据交换和电子邮件等方式提出。

行政机关应当将法律、法规、规章规定的有关行政许可的事项、依据、条件、数量、程序、期限以及需要提交的全部材料的目录和申请书示范文本等在办公场所公示。

申请人要求行政机关对公示内容予以说明、解释的，行政机关应当说明、解释，提供准确、可靠的信息。

申请人申请行政许可，应当如实向行政机关提交有关材料和反映真实情况，并对其申请材料实质内容的真实性负责。行政机关不得要求申请人提交与其申请的行政许可事项无关的技术资料和其他材料。

110.行政强制措施的种类有哪些？

行政强制措施，是指行政机关在行政管理过程中，为制止违法行为、防止证据损毁、避免危害发生、控制危险扩大等情形，依法对公民的人身自由实施暂时性限制，或者对公民、法人或者其他组织的财物实施暂时性控制的行为。行政强制执行，是指行政机关或者行政机关申请人民法院，对不履行行政决定的公民、法人或者其他组织，依法强制履行义务的行为。

行政强制措施的种类有：

（1）限制公民人身自由；

（2）查封场所、设施或者财物；

（3）扣押财物；

（4）冻结存款、汇款；

（5）其他行政强制措施。

111.行政强制执行的方式有哪些？

行政强制执行的方式有：

（1）加处罚款或者滞纳金；

（2）划拨存款、汇款；

（3）拍卖或者依法处理查封、扣押的场所、设施或者财物；

（4）排除妨碍、恢复原状；

（5）代履行；

（6）其他强制执行方式。

112.行政机关实施行政强制措施应当遵守哪些规定?

（1）实施前须向行政机关负责人报告并经批准；

（2）由两名以上行政执法人员实施；

（3）出示执法身份证件；

（4）通知当事人到场；

（5）当场告知当事人采取行政强制措施的理由、依据以及当事人依法享有的权利、救济途径；

（6）听取当事人的陈述和申辩；

（7）制作现场笔录；

（8）现场笔录由当事人和行政执法人员签名或者盖章，当事人拒绝的，在笔录中予以注明；

（9）当事人不到场的，邀请见证人到场，由见证人和行政执法人员在现场笔录上签名或者盖章；

（10）法律、法规规定的其他程序。

113.行政处罚的种类有哪些?

行政处罚，是指国家行政机关依法对违反行政管理法律法规的行为给予的制裁措施。

行政处罚的主要种类有：

（1）警告；

（2）罚款；

（3）没收违法所得、没收非法财物；

（4）责令停产停业；

（5）暂扣或者吊销许可证、暂扣或者吊销执照；

（6）行政拘留；

（7）法律、行政法规规定的其他行政处罚。

114.行政处罚决定书应当载明哪些事项？

行政处罚决定书应当载明下列事项：

（1）当事人的姓名或者名称、地址；

（2）违反法律、法规或者规章的事实和证据；

（3）行政处罚的种类和依据；

（4）行政处罚的履行方式和期限；

（5）不服行政处罚决定，申请行政复议或者提起行政诉讼的途径和期限；

（6）作出行政处罚决定的行政机关名称和作出决定的日期。

行政处罚决定书必须盖有作出行政处罚决定的行政机关的印章。

115.治安管理处罚的种类有哪些？

治安管理处罚，是指中国公安机关依照治安管理法律法规对扰乱公共秩序，妨害公共安全，侵犯人身权利、财产权利，妨害社会管理，具有社会危害性，情节轻微尚不够刑事处罚的违法行为所实施的行政处罚。

治安管理处罚的种类分为：

（1）警告；

（2）罚款；

（3）行政拘留；

（4）吊销公安机关发放的许可证。

116.治安管理处罚决定书应当载明哪些内容?

治安案件调查结束后,公安机关应当根据不同情况,分别作出治安管理处罚决定的,应当制作治安管理处罚决定书。决定书应当载明下列内容:

(1)被处罚人的姓名、性别、年龄、身份证件的名称和号码、住址;

(2)违法事实和证据;

(3)处罚的种类和依据;

(4)处罚的执行方式和期限;

(5)对处罚决定不服,申请行政复议、提起行政诉讼的途径和期限;

(6)作出处罚决定的公安机关的名称和作出决定的日期。

决定书应当由作出处罚决定的公安机关加盖印章。

117.哪些情形下,公民、法人或者其他组织可以申请行政复议?

行政复议是指公民、法人或者其他组织不服行政主体作出的具体行政行为,认为行政主体的具体行政行为侵犯了其合法权益,依法向法定的行政复议机关提出复议申请,行政复议机关依法对该具体行政行为进行合法性、适当性审查,并作出行政复议决定的行政行为。

行政复议机关履行行政复议职责,应当遵循合法、公正、公开、及时、便民的原则,坚持有错必纠,保障法律、法规的正确实施。

《行政复议法》规定,有下列情形之一的,公民、法人或者其他组织可以依照本法申请行政复议:

（1）对行政机关作出的警告、罚款、没收违法所得、没收非法财物、责令停产停业、暂扣或者吊销许可证、暂扣或者吊销执照、行政拘留等行政处罚决定不服的；

（2）对行政机关作出的限制人身自由或者查封、扣押、冻结财产等行政强制措施决定不服的；

（3）对行政机关作出的有关许可证、执照、资质证、资格证等证书变更、中止、撤销的决定不服的；

（4）对行政机关作出的关于确认土地、矿藏、水流、森林、山岭、草原、荒地、滩涂、海域等自然资源的所有权或者使用权的决定不服的；

（5）认为行政机关侵犯合法的经营自主权的；

（6）认为行政机关变更或者废止农业承包合同，侵犯其合法权益的；

（7）认为行政机关违法集资、征收财物、摊派费用或者违法要求履行其他义务的；

（8）认为符合法定条件，申请行政机关颁发许可证、执照、资质证、资格证等证书，或者申请行政机关审批、登记有关事项，行政机关没有依法办理的；

（9）申请行政机关履行保护人身权利、财产权利、受教育权利的法定职责，行政机关没有依法履行的；

（10）申请行政机关依法发放抚恤金、社会保险金或者最低生活保障费，行政机关没有依法发放的；

（11）认为行政机关的其他具体行政行为侵犯其合法权益的。

118.申请行政复议的期限是多久？

公民、法人或者其他组织认为具体行政行为侵犯其合法权益的，可以自知道该具体行政行为之日起 60 日内提出行政复议申请；但是法律规定的申请期限超过 60 日的除外。

因不可抗力或者其他正当理由耽误法定申请期限的，申请期限自障碍消除之日起继续计算。

119.申请行政复议应提交哪些材料？

自然人须提交以下材料。

（1）由申请人签字或者盖章的行政复议申请书 1 式 3 份，被申请人是两个以上的，每增加 1 个，应增加 1 份。

（2）申请人身份证或其他有效身份证件的复印件；公民死亡，其近亲属申请行政复议的，应提交公民死亡证明和申请人与死亡公民具有亲属关系的证明。

（3）申请人委托代理人参加行政复议，除应提供申请人签字的授权委托书外，还需提供代理人身份证或者其他有效身份证件。

（4）被申请人作出具体行政行为的证明材料，如被申请人作出的行政处罚决定、行政强制措施等具体行政行为的相关文书复印件；被申请人作出具体行政行为时未制作法律文书或未送达法律文书的，申请人应提交证明具体行政行为存在的有关材料。

对被申请人不依法履行法定职责申请行政复议的，提交曾经向行政机关要求履行法定职责的证明。对一并提出行政赔偿请求的，提交因具体行政行为造成的损害事实的证明。

（5）申请人因不可抗力或者其他正当理由超过法定复议申请期限申请行政复议的，应提交有效的证据。

（6）申请人在申请复议时，有其他证据材料的，可一并提供。

（7）复议机关认为需要提交的其他材料。

法人或者其他组织提交以下材料。

（1）加盖申请人公章的行政复议申请书1式3份，被申请人是两个以上的，每增加1个，应增加1份。

（2）申请人是企业的，应当提供加盖申请人公章的营业执照副本的复印件；申请人是其他组织的，应当提供加盖申请人公章的其他部门颁发的依法成立的证明文件的复印件；法人或其他组织终止的，承受其权利的法人或者其他组织申请行政复议的，应提交承受权利的证明。

（3）申请人的法定代表人或负责人的身份证或其他有效身份证件的复印件。

（4）申请人委托代理人代为参加行政复议，除应当提供申请人法定代表人签署并加盖申请人公章的授权委托书外，还需要提供代理人身份证或其他有效身份证件的复印件；律师代理的，还应提交律师所函、律师证复印件。

（5）被申请人作出具体行政行为的证明材料，如被申请人作出的行政处罚决定、行政强制措施等具体行政行为的相关文书复印件；被申请人作出具体行政行为时未制作法律文书或未送达法律文书的，申请人应提交证明具体行政行为存在的有关材料。

对被申请人不依法履行法定职责申请行政复议的，提交曾经向行政机关要求履行法定职责的证明。对一并提出行政赔偿请求的，提交因具体行政行为造成的损害事实的证明。

（6）申请人因不可抗力或者其他正当理由超过法定复议申请期限申请行政复议的，应提交有效的证据。

（7）申请人在申请复议时，有其他证据材料的，可一并提供。

（8）复议机关认为需要提交的其他材料。

120.行政复议机关应当在多长时间内作出复议决定？

根据《行政复议法》规定，行政复议机关应当自受理申请之日起 60 日内作出行政复议决定；但是法律规定的行政复议期限少于 60 日的除外。情况复杂，不能在规定期限内作出行政复议决定的，经行政复议机关的负责人批准，可以适当延长，并告知申请人和被申请人；但是延长期限最多不超过 30 日。

行政复议机关作出行政复议决定，应当制作行政复议决定书，并加盖印章。

行政复议决定书一经送达，即发生法律效力。

121.复议决定的种类有哪些？

行政复议决定可分为以下几种。

（1）决定维持具体行政行为。复议机关认为具体行政行为认定事实清楚，证据确凿，适用依据正确，程序合法，内容适当的，应决定维持具体行政行为。

（2）决定被申请人履行法定职责。被申请人（行政机关）对法律、法规、规章规定由其履行的责任和义务必须履行。如果不履行则是一种失职行为，构成不作为的违法。

（3）决定撤销、变更被申请人的具体行政行为或者确认该具体行政行为违法。

六

经济法相关知识

122.公司有哪些特征？

公司是依照公司法在中国境内设立的有限责任公司和股份有限公司，是以营利为目的的企业法人。

公司的基本特征如下。

（1）公司是资本的联合而形成的经济组织。公司是由许多投资者投资，为经营而设立的一种经济组织，具有广泛的筹集资金的能力，这种功能是适合社会生产力发展需要的，所以它有发展的优势。

（2）公司具有法人资格。也就是从法律上赋予公司以人格，使公司像一个真实的人那样，以自己的名义从事经营，享有权利，承担责任，起诉应诉，从而使公司在市场上成为竞争主体。在现实的经济活动中公司是一个经济实体。

（3）公司股东承担有限责任。这就是指公司一旦出现了债务，这种债务仅是公司的债务，由公司这个拟人化的实体对债权人负责，而公司股东不直接对债权人负责；公司的股东对公司债务仅以其出资额为限，承担间接、有限的责任，这就为股东分散了投资风险，使股东在投资中不致影响投资外的个人财产，所以这种责任形式具有吸引力。

（4）公司是以营利为目的的。这是反映公司基本属性的一个特征，因为投资者投资于公司是有一定利益追求的，希望从公司取得收益；从经济整体来说，公司资产的增值是社会发展的需要。公司以营利为目的，这也使公司与其他经济组织和社会组织有所区别。

（5）公司实行所有权与经营权分离。在通常情况下，特别是在有相当规模的公司中，投资者入股仅仅是为了投资的收益，而不是为了自己去经营；为了公司的发展，他们委托专业的经营者负责经营。所以公司中的基本关系是投资者出资，从公司获取股利，经营者受委托为股东从事经营，对股东负责。

（6）公司依照法律设立和运行，是规范化程度较高的企业组织形式。公司的发起设立、对内对外关系、内部治理结构、合并分立等，都是依照法律规范来办理，公司是一种企业形式与法律形式相结合的体现。

（7）公司是永续存在的企业组织形式。这就是说，公司投资者的股权可以转让，投资者可以流动，但公司仍然可以作为一个独立的实体而存在，公司仍然可以正常地从事经营活动，公司的存在并不取决于其投资人具体是谁。

123.设立有限责任公司应当具备哪些条件？

根据《中华人民共和国公司法》（以下简称《公司法》）规定，设立有限责任公司，应当具备下列条件：

（1）股东符合法定人数；

（2）有符合公司章程规定的全体股东认缴的出资额；

（3）股东共同制定公司章程；

（4）有公司名称，建立符合有限责任公司要求的组织机构；

（5）有公司住所。

有限责任公司由 50 个以下股东出资设立。

124.有限责任公司股东会有哪些职权？

《公司法》规定，股东会行使下列职权：

（1）决定公司的经营方针和投资计划；

（2）选举和更换非由职工代表担任的董事、监事，决定有关董事、监事的报酬事项；

（3）审议批准董事会的报告；

（4）审议批准监事会或者监事的报告；

（5）审议批准公司的年度财务预算方案、决算方案；

（6）审议批准公司的利润分配方案和弥补亏损方案；

（7）对公司增加或者减少注册资本作出决议；

（8）对发行公司债券作出决议；

（9）对公司合并、分立、解散、清算或者变更公司形式作出决议；

（10）修改公司章程；

（11）公司章程规定的其他职权。

125.有限责任公司董事会有哪些职权？

有限责任公司设董事会，其成员为 3 人至 13 人。董事会设董事长 1 人，可以设副董事长。董事长、副董事长的产生办法由公司章程规定。

董事会对股东会负责，行使下列职权：

（1）召集股东会会议，并向股东会报告工作；

（2）执行股东会的决议；

（3）决定公司的经营计划和投资方案；

（4）制订公司的年度财务预算方案、决算方案；

（5）制订公司的利润分配方案和弥补亏损方案；

（6）制订公司增加或者减少注册资本以及发行公司债券的方案；

（7）制订公司合并、分立、解散或者变更公司形式的方案；

（8）决定公司内部管理机构的设置；

（9）决定聘任或者解聘公司经理及其报酬事项，并根据经理的提名决定聘任或者解聘公司副经理、财务负责人及其报酬事项；

（10）制定公司的基本管理制度；

（11）公司章程规定的其他职权。

126.有限责任公司监事会有哪些职权？

《公司法》规定，监事会、不设监事会的公司的监事行使下列职权：

（1）检查公司财务；

（2）对董事、高级管理人员执行公司职务的行为进行监督，对违反法律、行政法规、公司章程或者股东会决议的董事、高级管理人员提出罢免的建议；

（3）当董事、高级管理人员的行为损害公司的利益时，要求董事、高级管理人员予以纠正；

（4）提议召开临时股东会会议，在董事会不履行本法规定的召集和主持股东会会议职责时召集和主持股东会会议；

（5）向股东会会议提出提案；

（6）依照本法第151条的规定，对董事、高级管理人员提起诉讼；

（7）公司章程规定的其他职权。

127.有限责任公司经理有哪些职权？

有限责任公司可以设经理，由董事会决定聘任或者解聘。经理对董事会负责，行使下列职权：

（1）主持公司的生产经营管理工作，组织实施董事会决议；

（2）组织实施公司年度经营计划和投资方案；

（3）拟订公司内部管理机构设置方案；

（4）拟订公司的基本管理制度；

（5）制定公司的具体规章；

（6）提请聘任或者解聘公司副经理、财务负责人；

（7）决定聘任或者解聘除应由董事会决定聘任或者解聘以外的负责管理人员；

（8）董事会授予的其他职权。

公司章程对经理职权另有规定的，从其规定。经理列席董事会会议。

128.股份有限公司股东大会有哪些职权？

《公司法》规定，股份有限公司股东大会由全体股东组成。股东大会是公司的权力机构，依照本法行使职权。

股份有限公司股东大会的职权与有限责任公司股东会的职权相同。

129.《公司法》关于职工代表进董事会有什么规定？

《公司法》规定：两个以上的国有企业或者两个以上的其他国有投资主体投资设立的有限责任公司，其董事会成员中应当有公司职工代表；其他有限责任公司董事会成员中可以有公司职工代表。董事会中的职工代表由公司职工通过职工代表大会、职工大会或者其他形式民主选举产生。

国有独资公司设董事会，依照本法第46条、第66条的规定行使职权。董事每届任期不得超过 3 年。董事会成员中应当有公司职工代表。董事会成员由国有资产监督管理机构委派；但是，董事会成员中的职工代表由公司职工代表大会选举产生。

股份有限公司董事会成员中可以有公司职工代表。董事会中的职工代表由公司职工通过职工代表大会、职工大会或者其他形式民主选举产生。

130.《公司法》关于职工代表进监事会是怎样规定的？

《公司法》规定，有限责任公司监事会应当包括股东代表和适当比例的公司职工代表，其中职工代表的比例不得低于1/3，具体比例由公司章程规定。监事会中的职工代表由公司职工通过职工代表大会、职工大会或者其他形式民主选举产生。

国有独资公司监事会成员不得少于 5 人，其中职工代表的比例不得低于1/3，具体比例由公司章程规定。

股份有限公司监事会应当包括股东代表和适当比例的公司职工代表，其中职工代表的比例不得低于1/3，具体比例由公司章程规定。监事会中的职工代表由公司职工通过职工代表大会、职工大会或者其他形式民主选举产生。

131.消费者有哪些权利？

消费者权益保护法是调整在保护公民消费权益过程中所产生的社会关系的法律规范的总称。

根据《中华人民共和国消费者权益保护法》规定，消费者享有下列权利。

（1）安全保障权。消费者在购买、使用商品和接受服务时享有人身、财产安全不受损害的权利。消费者有权要求经营者提供的商品和服务，符合保障人身、财产安全的要求。

（2）知情权。消费者享有知悉其购买、使用的商品或者接受的服务的真实情况的权利。消费者有权根据商品或者服务的不同情况，要求经营者提供商品的价格、产地、生产者、用途、性能、规格、等级、主要成分、生产日期、有效期限、检验合格证明、使用方法说明书、售后服务，或者服务的内容、规格、费用等有关情况。

（3）自主选择权。消费者享有自主选择商品或者服务的权利。消费者有权自主选择提供商品或者服务的经营者，自主选择商品品种或者服务方式，自主决定购买或者不购买任何一种商品、接受或者不接受任何一项服务。消费者在自主选择商品或者服务时，有权进行比较、鉴别和挑选。

（4）公平交易权。消费者享有公平交易的权利。消费者在购买商品或者接受服务时，有权获得质量保障、价格合理、计量正确等公平交易条件，有权拒绝经营者的强制交易行为。

（5）获得赔偿权。消费者因购买、使用商品或者接受服务受到人身、财产损害的，享有依法获得赔偿的权利。

（6）成立团体权。消费者享有依法成立维护自身合法权益的社会组织的权利。

（7）获得相关知识权。消费者享有获得有关消费和消费者权益保护方面的知识的权利。消费者应当努力掌握所需商品或者服务的知识和使用技能，正确使用商品，提高自我保护意识。

（8）受尊重权。消费者在购买、使用商品和接受服务时，享有人格尊严、民族风俗习惯得到尊重的权利，享有个人信息依法得到保护的权利。

（9）监督、批评、建议、检举、控告权。消费者享有对商品和服务以及保护消费者权益工作进行监督的权利。消费者有权检举、控告侵害消费者权益的行为和国家机关及其工作人员在保护消费者权益工作中的违法失职行为，有权对保护消费者权益工作提出批评、建议。

132.经营者使用的格式条款、通知、声明、店堂告示是否有效？

经营者在经营活动中使用格式条款的，应当以显著方式提醒消费者注意商品或者服务的数量和质量、价款或者费用、履行期限和方式、安全注意事项和风险警示、售后服务、民事责任等与消费者有重大利害关系的内容，并按照消费者的要求予以说明。

经营者不得以格式条款、通知、声明、店堂告示等方式，作出排除或者限制消费者权利、减轻或者免除经营者责任、加重消费者责任等对消费者不公平、不合理的规定，不得利用格式条款并借助技术手段强制交易。

格式条款、通知、声明、店堂告示等含有前款所列内容的，其内容无效。

133.消费者和经营者发生消费者权益争议的，可以通过哪些途径解决？

消费者和经营者发生消费者权益争议的，可以通过下列途径解决：

（1）与经营者协商和解；

（2）请求消费者协会或者依法成立的其他调解组织调解；

（3）向有关行政部门投诉；

（4）根据与经营者达成的仲裁协议提请仲裁机构仲裁；

（5）向人民法院提起诉讼。

134.《食品安全法》的适用范围是什么？

根据《中华人民共和国食品安全法》（以下简称《食品安全法》）规定，在中华人民共和国境内从事下列活动，应当遵守本法：

（1）食品生产和加工（以下称食品生产），食品销售和餐饮服务（以下称食品经营）；

（2）食品添加剂的生产经营；

（3）用于食品的包装材料、容器、洗涤剂、消毒剂和用于食品生产经营的工具、设备（以下称食品相关产品）的生产经营；

（4）食品生产经营者使用食品添加剂、食品相关产品；

（5）食品的贮存和运输；

（6）对食品、食品添加剂、食品相关产品的安全管理。

135.食品安全标准应当包括哪些内容？

《食品安全法》规定，制定食品安全标准，应当以保障公众身体健康为宗旨，做到科学合理、安全可靠。食品安全标准应当包括下列内容：

（1）食品、食品添加剂、食品相关产品中的致病性微生物，农药残留、兽药残留、生物毒素、重金属等污染物质以及其他危害人体健康物质的限量规定；

（2）食品添加剂的品种、使用范围、用量；

（3）专供婴幼儿和其他特定人群的主辅食品的营养成分要求；

（4）对与卫生、营养等食品安全要求有关的标签、标志、说明书的要求；

（5）食品生产经营过程的卫生要求；

（6）与食品安全有关的质量要求；

（7）与食品安全有关的食品检验方法与规程；

（8）其他需要制定为食品安全标准的内容。

136.食品生产经营应当符合哪些要求？

食品生产经营应当符合食品安全标准，并符合下列要求：

（1）具有与生产经营的食品品种、数量相适应的食品原料处理和食品加工、包装、贮存等场所，保持该场所环境整洁，并与有毒、有害场所以及其他污染源保持规定的距离；

（2）具有与生产经营的食品品种、数量相适应的生产经营设备或者设施，有相应的消毒、更衣、盥洗、采光、照明、通风、防腐、防尘、防蝇、防鼠、防虫、洗涤以及处理废水、存放垃圾和废弃物的设备或者设施；

（3）有专职或者兼职的食品安全专业技术人员、食品安全管理人员和保证食品安全的规章制度；

（4）具有合理的设备布局和工艺流程，防止待加工食品与直接入口食品、原料与成品交叉污染，避免食品接触有毒物、不洁物；

（5）餐具、饮具和盛放直接入口食品的容器，使用前应当洗净、消毒，炊具、用具用后应当洗净，保持清洁；

（6）贮存、运输和装卸食品的容器、工具和设备应当安全、无害，保持清洁，防止食品污染，并符合保证食品安全所需的温度、湿度等特殊要求，不得将食品与有毒、有害物品一同贮存、运输；

（7）直接入口的食品应当使用无毒、清洁的包装材料、餐具、饮具和容器；

（8）食品生产经营人员应当保持个人卫生，生产经营食品时，应当将手洗净，穿戴清洁的工作衣、帽等；销售无包装的直接入口食品时，应当使用无毒、清洁的容器、售货工具和设备；

（9）用水应当符合国家规定的生活饮用水卫生标准；

（10）使用的洗涤剂、消毒剂应当对人体安全、无害；

（11）法律、法规规定的其他要求。

137.广告的基本准则是什么？

广告的基本准则，是指反映广告本质及内容的指导原则。根据《中华人民共和国广告法》（以下简称《广告法》）的有关规定，可以归纳为以下几点。

（1）广告必须真实。广告真实性，是指广告内容必须客观、准确地介绍商品、服务的情况，不能含有虚假不实、引人误解的内容，不能欺骗和误导消费者。

（2）广告必须合法。广告的合法性包括两个方面的内容；一是广告的内容和形式必须合法。二是相关的广告行为必须合法。

（3）广告应当具有可识别性。任何广告不管是形式还是使用的媒介，都必须是清晰易辨的；当一则广告在含有新闻或者文章的媒介上发布时，它应该轻而易举地被认为是广告。即能够使消费者辨明其为广告。

（4）广告应当遵循公平原则。广告主、广告经营者、广告发布者从事广告活动应当遵循公平原则。

（5）广告应当遵循诚实信用原则。诚实信用原则要求广告主、广告经营者、广告发布者在进行广告活动时要讲诚实、守信用，要善意履行自己的义务。

（6）广告应当符合社会主义精神文明建设的要求。该准则要求广告必须符合社会主义思想道德建设、教育科学文化建设的要求。

138.广告不得有哪些情形?

《广告法》规定,广告不得有下列情形:

(1) 使用或者变相使用中华人民共和国的国旗、国歌、国徽,军旗、军歌、军徽;

(2) 使用或者变相使用国家机关、国家机关工作人员的名义或者形象;

(3) 使用"国家级""最高级""最佳"等用语;

(4) 损害国家的尊严或者利益,泄露国家秘密;

(5) 妨碍社会安定,损害社会公共利益;

(6) 危害人身、财产安全,泄露个人隐私;

(7) 妨碍社会公共秩序或者违背社会良好风尚;

(8) 含有淫秽、色情、赌博、迷信、恐怖、暴力的内容;

(9) 含有民族、种族、宗教、性别歧视的内容;

(10) 妨碍环境、自然资源或者文化遗产保护;

(11) 法律、行政法规规定禁止的其他情形。

139.医疗、药品、医疗器械广告不得含有哪些内容?

《广告法》规定,医疗、药品、医疗器械广告不得含有下列内容:

(1) 表示功效、安全性的断言或者保证;

(2) 说明治愈率或者有效率;

(3) 与其他药品、医疗器械的功效和安全性或者其他医疗机构比较;

(4) 利用广告代言人作推荐、证明;

(5) 法律、行政法规规定禁止的其他内容。

140.保健食品广告和酒类广告不得含有哪些内容？

《广告法》规定，保健食品广告不得含有下列内容：

（1）表示功效、安全性的断言或者保证；

（2）涉及疾病预防、治疗功能；

（3）声称或者暗示广告商品为保障健康所必需；

（4）与药品、其他保健食品进行比较；

（5）利用广告代言人作推荐、证明；

（6）法律、行政法规规定禁止的其他内容。

《广告法》规定，酒类广告不得含有下列内容：

（1）诱导、怂恿饮酒或者宣传无节制饮酒；

（2）出现饮酒的动作；

（3）表现驾驶车、船、飞机等活动；

（4）明示或者暗示饮酒有消除紧张和焦虑、增加体力等功效。

七

劳动法相关知识

141.劳动关系有哪些特征?

劳动法,是调整劳动关系以及与劳动关系密切联系的其他社会关系的法律规范总称。它是资本主义发展到一定阶段而产生的法律部门;它是从民法中分离出来的法律部门;是一种独立的法律部门。

劳动关系,是指用人单位与劳动者之间,依法所确立的劳动过程中的权利义务关系。

用人单位,是指中华人民共和国境内的企业、个体经济组织、民办非企业单位等组织。同时也包括国家机关、事业单位、社会团体与劳动者建立劳动关系的。

劳动者,是指达到法定年龄,具有劳动能力,以从事某种社会劳动获得收入为主要生活来源,依据法律或合同的规定,在用人单位的管理下从事劳动并获取劳动报酬的自然人。

劳动关系具有以下特征:

(1)劳动关系是在实现劳动过程中所发生的关系,与劳动者有着直接的联系;

(2)劳动关系的双方当事人,一方是劳动者,另一方是提供生产资料的劳动者所在单位;

（3）劳动关系的一方劳动者，要成为另一方所在单位的成员，要遵守单位内部的劳动规则以及有关制度。

142.在没有劳动合同的情况下，劳动关系如何认定？

实践中有的用人单位与劳动者没有签订劳动合同，但只要存在实际用工，就认定劳动关系存在。《劳动和社会保障部关于确立劳动关系有关事项的通知》规定，用人单位招用劳动者未订立书面合同，但同时具备下列情形的，劳动关系成立。

（1）用人单位和劳动者符合法律、法规规定的主体资格；

（2）用人单位依法制定的各项劳动规章制度适用于劳动者，劳动者受用人单位的劳动管理，从事用人单位安排的有报酬的劳动；

（3）劳动者提供的劳动是用人单位业务的组成部分。

用人单位未与劳动者签订劳动合同，认定双方存在劳动关系时可参照下列凭证：

（1）工资支付凭证或记录（职工工资发放花名册）、缴纳各项社会保险费的记录；

（2）用人单位向劳动者发放的"工作证""服务证"等能够证明身份的证件；

（3）劳动者填写的用人单位招工招聘"登记表""报名表"等招用记录；

（4）考勤记录；

（5）其他劳动者的证言等。

143.劳动者的基本权利和基本义务是什么？

根据《中华人民共和国劳动法》（以下简称《劳动法》）规定，

劳动者的基本权利有：享有平等就业和选择职业的权利、取得劳动报酬的权利、休息休假的权利、获得劳动安全卫生保护的权利、接受职业技能培训的权利、享受社会保险和福利的权利、提请劳动争议处理的权利以及法律规定的其他劳动权利。

劳动者的基本义务是：应当完成劳动任务，提高职业技能，执行劳动安全卫生规程，遵守劳动纪律和职业道德。

144.《劳动法》对劳动行政部门的监督检查有什么规定？

县级以上各级人民政府劳动行政部门依法对用人单位遵守劳动法律、法规的情况进行监督检查，对违反劳动法律、法规的行为有权制止，并责令改正。

县级以上各级人民政府劳动行政部门监督检查人员执行公务，有权进入用人单位了解执行劳动法律、法规的情况，查阅必要的资料，并对劳动场所进行检查。

县级以上各级人民政府劳动行政部门监督检查人员执行公务，必须出示证件，秉公执法并遵守有关规定。

145.用人单位侵犯劳动者人身权利应承担什么责任？

《劳动法》规定，用人单位有下列行为之一，由公安机关对责任人员处以15日以下拘留、罚款或者警告；构成犯罪的，对责任人员依法追究刑事责任：

（1）以暴力、威胁或者非法限制人身自由的手段强迫劳动的；

（2）侮辱、体罚、殴打、非法搜查和拘禁劳动者的。

八

工会法相关知识

146.工会的性质是什么？

《中华人民共和国工会法》（以下简称《工会法》）规定：工会是中国共产党领导的职工自愿结合的工人阶级群众组织，是中国共产党联系职工群众的桥梁和纽带。中华全国总工会及其各工会组织代表职工的利益，依法维护职工的合法权益。

《中国工会章程》规定：中国工会是中国共产党领导的职工自愿结合的工人阶级群众组织，是党联系职工群众的桥梁和纽带，是国家政权的重要社会支柱，是会员和职工利益的代表。

147.劳动者加入工会的基本条件和基本程序是什么？

根据《工会法》第 3 条规定："在中国境内的企业、事业单位、机关、社会组织（以下统称用人单位）中以工资收入为主要生活来源的劳动者，不分民族、种族、性别、职业、宗教信仰、教育程度，都有依法参加和组织工会的权利。任何组织和个人不得阻挠和限制。工会适应企业组织形式、职工队伍结构、劳动关系、就业形态等方面的发展变化，依法维护劳动者参加和组织工会的权利。"这一规定明确了参加和组织工会是劳动者的权利，同时也明确了劳动者加入工会成为会员的必备条件，主要有以下 3 方面条件：（1）所有加入工会的会员，必须是在中国境内企业、事业单位、机关、社会组织中的劳动者；（2）所有加入工会的会员，必须是以工资收入为主要生活来源；（3）所有加入工会的会员，都必须承认中国工会章程。

根据中华全国总工会印发的《工会会员会籍管理办法》规定，职工加入工会的基本程序如下。

（1）本人自愿申请。凡是符合条件的职工，均可自愿申请加入工会。职工申请加入工会的方式主要有两种：①口头或书面申请入会，即由职工本人通过口头或书面形式提出入会申请，填写《中华全国总工会入会申请书》和《工会会员登记表》，报基层工会委员会。②网上申请入会，即由职工通过网站、微博、邮件等网络渠道，向工会组织提供相关信息，表达自己的入会愿望；工会按照线上申请、线下受理、分级审核、全程跟踪等程序，及时受理职工需求，办理相关审批手续。尚未建立工会组织的用人单位职工，按照属地和行业就近原则，可以向上级工会提出入会申请，在上级工会的帮助指导下加入工会。用人单位建立工会后，应及时办理会员会籍接转手续。非全日制等形式灵活就业的职工，可以申请加入所在单位工会，也可以申请加入所在地的乡镇（街道）、开发区（工业园区）、村（社区）工会和区域（行业）工会联合会等。会员会籍由上述工会管理。农民工输出地工会应当开展入会宣传，启发农民工入会意识；输入地工会按照属地管理原则，广泛吸收农民工加入工会。农民工会员变更用人单位时，应及时办理会员会籍接转手续，不需重复入会。

（2）基层工会委员会审核。基层工会委员会接到职工入会申请书后，应及时召开会议，研究审查接纳职工入会事项。审查的主要内容有：（1）申请人是否符合入会条件；（2）是否自愿；（3）是否符合入会手续。符合条件和手续的，应当接纳入会，并在职工入会申请书上签署意见。

（3）基层工会委员会批准并发给会员证。经基层工会委员会审核批准，即为中华全国总工会会员，发给《中华全国总工会会员证》（以下简称"会员证"），取得会员会籍，享有会员权利，履行会员义务。工会会员卡（以下简称"会员卡"）也可以作为会员身份凭证。基层工会可以通过举行入会仪式、集体发放会员证或会员卡等形式，增强会员意识。基层工会应当建立会员档案，实行会员实名制，动态管理会员信息，保障会员信息安全。

劳务派遣工可以在劳务派遣单位加入工会，也可以在用工单位加入工会。劳务派遣单位没有建立工会的，劳务派遣工在用工单位加入工会。在劳务派遣工会员接受派遣期间，劳务派遣单位工会可以与用工单位工会签订委托管理协议，明确双方对会员组织活动、权益维护等方面的责任与义务。加入劳务派遣单位工会（含委托用工单位管理）的会员，其会籍由劳务派遣单位工会管理。加入用工单位工会的会员会籍由用工单位工会管理。

目前，各地在发展农民工入会过程中，为了方便职工入会，简化职工入会手续，采取集体登记入会、劳动力市场入会、街道和社区直接吸收职工入会等方式，有效地提高了工会组建率和职工入会率，最大限度地把职工组织到工会中来。

148.工会会员有哪些权利？履行哪些义务？

《中国工会章程》规定，工会会员享有下列权利。

（1）选举权、被选举权和表决权。

（2）对工会工作进行监督，提出意见和建议，要求撤换或者罢免不称职的工会工作人员。

（3）对国家和社会生活问题及本单位工作提出批评与建议，要求工会组织向有关方面如实反映。

（4）在合法权益受到侵犯时，要求工会给予保护。

（5）工会提供的文化、教育、体育、旅游、疗休养、互助保障、生活救助、法律服务、就业服务等优惠待遇；工会给予的各种奖励。

（6）在工会会议和工会媒体上，参加关于工会工作和职工关心问题的讨论。

《中国工会章程》规定，会员履行下列义务：

（1）认真学习贯彻习近平新时代中国特色社会主义思想，学习政治、经济、文化、法律、科技和工会基本知识等；

（2）积极参与民主管理，努力完成生产和工作任务，立足本职岗位建功立业；

（3）遵守宪法和法律，践行社会主义核心价值观，弘扬中华民族传统美德，恪守社会公德、职业道德、家庭美德、个人品德，遵守劳动纪律；

（4）正确处理国家、集体、个人三者利益关系，向危害国家、社会利益的行为作斗争；

（5）维护中国工人阶级和工会组织的团结统一，发扬阶级友爱，搞好互助互济；

（6）遵守工会章程，执行工会决议，参加工会活动，按月交纳会费。

149.工会的根本活动准则是什么？

《工会法》规定：工会必须遵守和维护宪法，以宪法为根本的活动准则，以经济建设为中心，坚持社会主义道路，坚持人民民主专政，坚持中国共产党的领导，坚持马克思列宁主义、毛泽东思想、邓小平理论、"三个代表"重要思想、科学发展观、习近平新时代中国特色社会主义思想，坚持改革开放，保持和增强政治性、先进性、群众性，依照工会章程独立自主地开展工作。

工会会员全国代表大会制定或者修改《中国工会章程》，章程不得与宪法和法律相抵触。

国家保护工会的合法权益不受侵犯。

150.工会的基本职责是什么？

《工会法》规定：维护职工合法权益、竭诚服务职工群众是工会的基本职责。工会在维护全国人民总体利益的同时，代表和维护职工的合法权益。

工会通过平等协商和集体合同制度等，推动健全劳动关系协调机制，维护职工劳动权益，构建和谐劳动关系。

工会依照法律规定通过职工代表大会或者其他形式，组织职工参与本单位的民主选举、民主协商、民主决策、民主管理和民主监督。

工会建立联系广泛、服务职工的工会工作体系，密切联系职工，听取和反映职工的意见和要求，关心职工的生活，帮助职工解决困难，全心全意为职工服务。

151.《工会法》关于产业工人队伍建设改革有什么规定？

产业工人是指在现代工厂、矿山、交通运输等企业中从事集体生产劳动，以工资收入为生活来源的工人。产业工人是工人阶级中发挥支撑作用的主体力量，是创造社会财富的中坚力量，是创新驱动发展的骨干力量，是实施制造强国战略的有生力量。《工会法》规定：工会推动产业工人队伍建设改革，提高产业工人队伍整体素质，发挥产业工人骨干作用，维护产业工人合法权益，保障产业工人主人翁地位，造就一支有理想守信念、懂技术会创新、敢担当讲奉献的宏大产业工人队伍。

152.工会的组织原则是什么？

《工会法》规定：工会各级组织按照民主集中制原则建立。各级工会委员会由会员大会或者会员代表大会民主选举产生。企业主要负责人的近亲属不得作为本企业基层工会委员会成员的人选。各级工会委员会向同级会员大会或者会员代表大会负责并报告工作，接受其监督。工会会员大会或者会员代表大会有权撤换或者罢免其所选举的代表或者工会委员会组成人员。上级工会组织领导下级工会组织。

153.《工会法》对工会组织系统的规定是什么？

《工会法》规定：用人单位有会员25人以上的，应当建立基层工会委员会；不足25人的，可以单独建立基层工会委员会，也可以由两个以上单位的会员联合建立基层工会委员会，也可以选举组织员1人，组织会员开展活动。女职工人数较多的，可以建立工会女职工委员会，在同级工会领导下开展工作；女职工人数较少的，可以在工会委员会中设女职工委员。

企业职工较多的乡镇、城市街道，可以建立基层工会的联合会。

县级以上地方建立地方各级总工会。

同一行业或者性质相近的几个行业，可以根据需要建立全国的或者地方的产业工会。

全国建立统一的中华全国总工会。

154.建立工会组织需要报上一级工会批准吗？

根据《工会法》规定，基层工会、地方各级总工会、全国或者地方产业工会组织的建立，必须报上一级工会批准。

《工会法》规定，上级工会可以派员帮助和指导企业职工组建工会，任何单位和个人不得阻挠。

155.可以随意撤销、合并工会组织吗？

《工会法》规定，任何组织和个人不得随意撤销、合并工会组织。基层工会所在的用人单位终止或者被撤销，该工会组织相应撤销，并报告上一级工会。

156.工会专职工作人员怎样设置？

《工会法》规定，职工200人以上的企业、事业单位、社会组织的工会，可以设专职工会主席。工会专职工作人员的人数由工会与企业、事业单位、社会组织协商确定。

《企业工会工作条例》规定，工会专职工作人员一般按不低于企业职工人数的3‰配备，具体人数由上级工会、企业工会与企业行政协商确定。

157.工会是法人吗？

《工会法》规定，中华全国总工会、地方总工会、产业工会具有社会团体法人资格。基层工会组织具备民法典规定的法人条件的，依法取得社会团体法人资格。

中华全国总工会颁发的《基层工会法人登记管理办法》规定，基层工会按照本办法规定经审查登记、领取赋有统一社会信用代码的《工会法人资格证书》，取得工会法人资格，依法独立享有民事权利、承担民事义务。

158.《工会法》对工会干部保护有哪些规定？

《工会法》第 18 条规定：工会主席、副主席任期未满时，不得随意调动其工作。因工作需要调动时，应当征得本级工会委员会和上一级工会的同意。罢免工会主席、副主席必须召开会员大会或者会员代表大会讨论，非经会员大会全体会员或者会员代表大会全体代表过半数通过，不得罢免。

《工会法》第 19 条规定：基层工会专职主席、副主席或者委员自任职之日起，其劳动合同期限自动延长，延长期限相当于其任职期间；非专职主席、副主席或者委员自任职之日起，其尚未履行的劳动合同期限短于任期的，劳动合同期限自动延长至任期期满。但是，任职期间个人严重过失或者达到法定退休年龄的除外。

159.工会有哪些权利？

工会的权利主要如下。

（1）参与国家事务的管理。

国家制定或者修改直接涉及职工切身利益的法律、法规、规章，应当听取全国总工会的意见。

地方政府制定或者修改直接涉及职工切身利益的地方规章，应当听取同级总工会的意见。

（2）参与企业、事业单位、社会组织管理。

工会依照法律规定通过职工代表大会或者其他形式，组织职工参与本单位的民主选举、民主协商、民主决策、民主管理和民主监督。企业、事业单位、社会组织制定各项规章制度，要与工会协商，征得工会的同意。参与企业、事业单位、社会组织有关职工切身利益问题的研究。

（3）保障职工行使民主参与的权利。

企业、事业单位、社会组织违反职工代表大会制度和其他民主管理制度，工会有权要求纠正，保障职工依法行使民主管理的权利。

法律、法规规定应当提交职工大会或者职工代表大会审议、通过、决定的事项，企业、事业单位、社会组织应当依法办理。

（4）帮助、指导职工与企业以及实行企业化管理的事业单位、社会组织签订劳动合同。

（5）代表职工与企业、实行企业化管理的事业单位、社会组织进行平等协商，依法签订集体合同。集体合同草案应当提交职工代表大会或者全体职工讨论通过。工会签订集体合同，上级工会应当给予支持和帮助。

（6）提出意见和建议的权利。

企业、事业单位、社会组织处分职工，工会认为不适当的，有权提出意见。

用人单位单方面解除职工劳动合同时，应当事先将理由通知工会，工会认为用人单位违反法律、法规和有关合同，要求重新研究处理时，用人单位应当研究工会的意见，并将处理结果书面通知工会。

（7）交涉与协商的权利。

企业、事业单位、社会组织违反劳动法律法规规定，有下列侵犯职工劳动权益情形，工会应当代表职工与企业、事业单位、社会组织交涉，要求企业、事业单位、社会组织采取措施予以改正；企业、事业单位、社会组织应当予以研究处理，并向工会作出答复；企业、事业单位、社会组织拒不改正的，工会可以提请当地人民政府依法作出处理：
（一）克扣、拖欠职工工资的；（二）不提供劳动安全卫生条件的；
（三）随意延长劳动时间的；（四）侵犯女职工和未成年工特殊权益的；
（五）其他严重侵犯职工劳动权益的。

（8）监督与调查的权利。

工会有权对企业、事业单位、社会组织侵犯职工合法权益的问题进行调查，有关单位应当予以协助。

（9）参与劳动争议解决的权利。

工会参加企业的劳动争议调解工作。

地方劳动争议仲裁组织应当有同级工会代表参加。

160.工会有哪些义务？

工会的义务主要如下。

（1）工会组织和教育职工依照宪法和法律的规定行使民主权利，发挥国家主人翁的作用，通过各种途径和形式，参与管理国家事务、管理经济和文化事业、管理社会事务；协助人民政府开展工作，维护工人阶级领导的、以工农联盟为基础的人民民主专政的社会主义国家政权。

（2）工会会同用人单位加强对职工的思想政治引领，教育职工以国家主人翁态度对待劳动，爱护国家和单位的财产；组织职工开展群众性的合理化建议、技术革新、劳动和技能竞赛活动，进行业余文化技术学习和职工培训，参加职业教育和文化体育活动，推进职业安全健康教育和劳动保护工作。

（3）协助用人单位办好职工集体福利事业，做好工资、劳动安全卫生和社会保险工作。

（4）根据政府委托，工会与有关部门共同做好劳动模范和先进生产（工作）者的评选、表彰、培养和管理工作。

（5）县级以上各级总工会依法为所属工会和职工提供法律援助等法律服务。

（6）工会应当支持企业、事业单位、社会组织依法行使经营管理权。

161.企业、事业单位、社会组织违反劳动法律法规规定、侵犯职工劳动权益的，工会应当怎么办？

根据《工会法》规定，企业、事业单位、社会组织违反劳动法律法规规定，有下列侵犯职工劳动权益情形，工会应当代表职工与企业、事业单位、社会组织交涉，要求企业、事业单位、社会组织采取措施予以改正；企业、事业单位、社会组织应当予以研究处理，并向工会作出答复；企业、事业单位、社会组织拒不改正的，工会可以提请当地人民政府依法作出处理：

（1）克扣、拖欠职工工资的；

（2）不提供劳动安全卫生条件的；

（3）随意延长劳动时间的；

（4）侵犯女职工和未成年工特殊权益的；

（5）其他严重侵犯职工劳动权益的。

162.基层工会组织的会员大会或者会员代表大会的职权是什么？

基层工会会员大会或者会员代表大会，每年至少召开 1 次。经基层工会委员会或者 1/3 以上的工会会员提议，可以临时召开会员大会或者会员代表大会。工会会员在 100 人以下的基层工会应当召开会员大会。

工会会员大会或者会员代表大会的职权如下：

（1）审议和批准基层工会委员会的工作报告；

（2）审议和批准基层工会委员会的经费收支情况报告和经费审查委员会的工作报告；

（3）选举基层工会委员会和经费审查委员会；

（4）撤换或者罢免其所选举的代表或者工会委员会组成人员；

（5）讨论决定工会工作的重大问题。

163.基层工会委员会的基本任务是什么？

基层工会委员会的基本任务如下。

（1）执行会员大会或者会员代表大会的决议和上级工会的决定，主持基层工会的日常工作。

（2）代表和组织职工依照法律规定，通过职工代表大会、厂务公开和其他形式，参与本单位民主选举、民主协商、民主决策、民主管理和民主监督，保障职工知情权、参与权、表达权和监督权，在公司制企业落实职工董事、职工监事制度。企业、事业单位工会委员会是职工代表大会工作机构，负责职工代表大会的日常工作，检查、督促职工代表大会决议的执行。

（3）参与协调劳动关系和调解劳动争议，与企业、事业单位、社会组织行政方面建立协商制度，协商解决涉及职工切身利益问题。帮助和指导职工与企业、事业单位、社会组织行政方面签订和履行劳动合同，代表职工与企业、事业单位、社会组织行政方面签订集体合同或者其他专项协议，并监督执行。

（4）组织职工开展劳动和技能竞赛、合理化建议、技能培训、技术革新和技术协作等活动，培育工匠、高技能人才，总结推广先进经验。做好劳动模范和先进生产（工作）者的评选、表彰、培养和管理服务工作。

（5）加强对职工的政治引领和思想教育，开展法治宣传教育，重视人文关怀和心理疏导，鼓励支持职工学习文化科学技术和管理知识，开展健康的文化体育活动。推进企业文化职工文化建设，办好工会文化、教育、体育事业。

（6）监督有关法律、法规的贯彻执行。协助和督促行政方面做好工资、安全生产、职业病防治和社会保险等方面的工作，推动落实职工福利待遇。办好职工集体福利事业，改善职工生活，对困难职工开展帮扶。依法参与生产安全事故和职业病危害事故的调查处理。

（7）维护女职工的特殊利益，同歧视、虐待、摧残、迫害女职工的现象作斗争。

（8）搞好工会组织建设，健全民主制度和民主生活。建立和发展工会积极分子队伍。做好会员的发展、接收、教育和会籍管理工作。加强职工之家建设。

（9）收好、管好、用好工会经费，管理好工会资产和工会的企业、事业。

164.工会经费的来源有哪些？工会经费主要用于哪些方面？

根据《工会法》规定，工会经费的来源主要有：

（1）工会会员缴纳的会费；

（2）建立工会组织的用人单位按每月全部职工工资总额的2%向工会拨缴的经费；

（3）工会所属的企业、事业单位上缴的收入；

（4）人民政府的补助；

（5）其他收入。

第（2）项规定的企业、事业单位、社会组织拨缴的经费在税前列支。

《工会法》规定，工会经费主要用于为职工服务和工会活动。经费使用的具体办法由中华全国总工会制定。

165.基层工会经费收支管理应当遵循哪些原则？

基层工会经费收支管理应遵循以下原则。

（1）遵纪守法原则。基层工会应依据《工会法》的有关规定，依法组织各项收入，严格遵守国家法律法规，严格执行全国总工会有关制度规定，严肃财经纪律，严格工会经费使用，加强工会经费收支管理。

（2）经费独立原则。基层工会应依据全国总工会关于工会法人登记管理的有关规定取得工会法人资格，依法享有民事权利、承担民事义务，并根据财政部、中国人民银行的有关规定，设立工会经费银行账户，实行工会经费独立核算。

（3）预算管理原则。基层工会应按照《工会预算管理办法》的要求，将单位各项收支全部纳入预算管理。基层工会经费年度收支预算（含调整预算）需经同级工会委员会和工会经费审查委员会审查同意，并报上级主管工会批准。

（4）服务职工原则。基层工会应坚持工会经费正确的使用方向，优化工会经费支出结构，严格控制一般性支出，将更多的工会经费用于为职工服务和开展工会活动，维护职工的合法权益，增强工会组织服务职工的能力。

（5）勤俭节约原则。基层工会应按照党中央、国务院关于厉行勤俭节约反对奢侈浪费的有关规定，严格控制工会经费开支范围和开支标准，经费使用要精打细算，少花钱多办事，节约开支，提高工会经费使用效益。

（6）民主管理原则。基层工会应依靠会员管好用好工会经费。年度工会经费收支情况应定期向会员大会或会员代表大会报告，建立经费收支信息公开制度，主动接受会员监督。同时，接受上级工会监督，依法接受国家审计监督。

166.基层工会经费支出的范围是什么？

基层工会经费支出范围包括：职工活动支出、维权支出、业务支出、资本性支出、事业支出和其他支出。

职工活动支出是指基层工会组织开展职工教育、文体、宣传等活动所发生的支出和工会组织的职工集体福利支出。包括如下内容。

（1）职工教育支出。用于基层工会举办政治、法律、科技、业务等专题培训和职工技能培训所需的教材资料、教学用品、场地租金等方面的支出，用于支付职工教育活动聘请授课人员的酬金，用于基层工会组织的职工素质提升补助和职工教育培训优秀学员的奖励。对优秀学员的奖励应以精神鼓励为主、物质激励为辅。授课人员酬金标准参照国家有关规定执行。

（2）文体活动支出。用于基层工会开展或参加上级工会组织的职工业余文体活动所需器材、服装、用品等购置、租赁与维修方面的支出以及活动场地、交通工具的租金支出等，用于文体活动优胜者的奖励支出，用于文体活动中必要的伙食补助费。文体活动奖励应以精神鼓励为主、物质激励为辅。奖励范围不得超过参与人数的2/3；不设置奖项的，可为参加人员发放少量纪念品。文体活动中开支的伙食补助费，不得超过当地差旅费中的伙食补助标准。

基层工会可以用会员会费组织会员观看电影、文艺演出和体育比赛等，开展春游秋游，为会员购买当地公园年票。会费不足部分可以用工会经费弥补，弥补部分不超过基层工会当年会费收入的3倍。基层工会组织会员春游秋游应当日往返，不得到有关部门明令禁止的风景名胜区开展春游秋游活动。

（3）宣传活动支出。用于基层工会开展重点工作、重大主题和重大节日宣传活动所需的材料消耗、场地租金、购买服务等方面的支出，用于培育和践行社会主义核心价值观，弘扬劳模精神和工匠精神等经常性宣传活动方面的支出，用于基层工会开展或参加上级工会举办的知识竞赛、宣讲、演讲比赛、展览等宣传活动支出。

（4）职工集体福利支出。用于基层工会逢年过节和会员生日、婚丧嫁娶、退休离岗的慰问支出等。基层工会逢年过节可以向全体会员发放节日慰问品。逢年过节的年节是指国家规定的法定节日（即：新年、春节、清明节、劳动节、端午节、中秋节和国庆节）和经自治区以上人民政府批准设立的少数民族节日。节日慰问品原则上为符合中国传统节日习惯的用品和职工群众必需的生活用品等，基层工会可结合实际采取便捷灵活的发放方式。工会会员生日慰问可以发放生日蛋糕等实物慰问品，也可以发放指定蛋糕店的蛋糕券。工会会员结婚生育时，可以给予一定金额的慰问品。工会会员生病住院、工会会员或其直系亲属去世时，可以给予一定金额的慰问金。工会会员退休离岗，可以发放一定金额的纪念品。

（5）其他活动支出。用于工会组织开展的劳动模范和先进职工疗休养补贴等其他活动支出。

维权支出是指基层工会用于维护职工权益的支出。包括：劳动关系协调费、劳动保护费、法律援助费、困难职工帮扶费、送温暖费和其他维权支出。

（1）劳动关系协调费。用于推进创建劳动关系和谐企业活动、加强劳动争议调解和队伍建设、开展劳动合同咨询活动、集体合同示范文本印制与推广等方面的支出。

（2）劳动保护费。用于基层工会开展群众性安全生产和职业病防治活动、加强群监员队伍建设、开展职工心理健康维护等促进安全健康生产、保护职工生命安全为宗旨开展职工劳动保护发生的支出等。

（3）法律援助费。用于基层工会向职工群众开展法治宣传、提供法律咨询、法律服务等发生的支出。

（4）困难职工帮扶费。用于基层工会对困难职工提供资金和物质帮助等发生的支出。工会会员本人及家庭因大病、意外事故、子女就学等原因致困时，基层工会可给予一定金额的慰问。

（5）送温暖费。用于基层工会开展春送岗位、夏送清凉、金秋助学和冬送温暖等活动发生的支出。

（6）其他维权支出。用于基层工会补助职工和会员参加互助互济保障活动等其他方面的维权支出。

业务支出是指基层工会培训工会干部、加强自身建设以及开展业务工作发生的各项支出。包括如下内容。

（1）培训费。用于基层工会开展工会干部和积极分子培训发生的支出。开支范围和标准以有关部门制定的培训费管理办法为准。

（2）会议费。用于基层工会会员大会或会员代表大会、委员会、常委会、经费审查委员会以及其他专业工作会议的各项支出。开支范围和标准以有关部门制定的会议费管理办法为准。

（3）专项业务费。用于基层工会开展基层工会组织建设、建家活动、劳模和工匠人才创新工作室、职工创新工作室等创建活动发生的支出，用于基层工会开办的图书馆、阅览室和职工书屋等职工文体活动阵地所发生的支出，用于基层工会开展专题调研所发生的支出，用于基层工会开展女职工工作性支出，用于基层工会开展外事活动方面的支出，用于基层工会组织开展合理化建议、技术革新、发明创造、岗位练兵、技术比武、技术培训等劳动和技能竞赛活动支出及其奖励支出。

（4）其他业务支出。用于基层工会发放兼职工会干部和专职社会化工会工作者补贴，用于经上级批准评选表彰的优秀工会干部和积极分子的奖励支出，用于基层工会必要的办公费、差旅费，用于基层工会支付代理记账、中介机构审计等购买服务方面的支出。基层工会兼职工会干部和专职社会化工会工作者发放补贴的管理办法由省级工会制定。

资本性支出是指基层工会从事工会建设工程、设备工具购置、大型修缮和信息网络购建而发生的支出。

事业支出是指基层工会对独立核算的附属事业单位的补助和非独立核算的附属事业单位的各项支出。

其他支出是指基层工会除上述支出以外的其他各项支出。包括：资产盘亏、固定资产处置净损失、捐赠、赞助等。

167.工会经费审查委员会如何设立？

《工会法》规定，各级工会建立经费审查委员会。各级工会经费收支情况应当由同级工会经费审查委员会审查，并且定期向会员大会或者会员代表大会报告，接受监督。工会会员大会或者会员代表大会有权对经费使用情况提出意见。工会经费的使用应当依法接受国家的监督。

《中国工会章程》规定，各级工会代表大会选举产生同级经费审查委员会。中华全国总工会经费审查委员会设常务委员会，省、自治区、直辖市总工会经费审查委员会和独立管理经费的全国产业工会经费审查委员会，应当设常务委员会。经费审查委员会负责审查同级工会组织及其直属企业、事业单位的经费收支和资产管理情况，监督财经法纪的贯彻执行和工会经费的使用，并接受上级工会经费审查委员会的指导和监督。工会经费审查委员会向同级会员大会或会员代表大会负责并报告工作；在大会闭会期间，向同级工会委员会负责并报告工作。上级经费审查委员会应当对下一级工会及其直属企业、事业单位的经费收支和资产管理情况进行审查。

九

就业促进法相关知识

168.劳动就业有哪些特征?

劳动就业,是指处于法定劳动年龄范围内,具有劳动能力和就业意愿的公民,参与国民经济中某个部门的社会劳动,获得劳动报酬或劳动收入,并作为其生活主要来源的一种状态。劳动就业具特征:

(1)劳动者是在法定劳动年龄内,并具有劳动权利能力和劳动行为能力的公民;

(2)劳动者在主观上有就业的意愿;

(3)劳动者所从事的是合法的有益于国家和社会的经济活动;

(4)劳动者所从事的是限于国民经济领域的社会劳动;

(5)劳动者从事的社会劳动须在一定期间达到一定量,获得相应的劳动报酬或收入足以构成其生活主要来源。

169.我国的劳动就业方针是什么?

《中华人民共和国就业促进法》(以下简称《就业促进法》)规定:国家把扩大就业放在经济社会发展的突出位置,实施积极的就业政策,坚持劳动者自主择业、市场调节就业、政府促进就业的方针,多渠道扩大就业。

　　"劳动者自主择业"，指的是充分调动劳动者就业的主动性和能动性，促进他们发挥就业潜能和提高职业技能，依靠自身努力，自谋职业和自主创业，尽快实现就业。

　　"市场调节就业"，指的是充分发挥人力资源市场在促进就业中的基础性作用。通过市场职业供求信息，引导劳动者合理流动和就业；通过用人单位自主用人和劳动者自主择业，实现供求双方相互选择；通过市场工资价位信息，调节劳动力的供求。

　　"政府促进就业"，是指政府要在促进经济发展、经济结构调整和制定积极的就业政策、加强就业服务等方面采取措施，增强全社会总的就业岗位数量，以促进劳动者就业。

170.《就业促进法》关于平等就业权是怎样规定的？妇女享有与男子平等的就业权利吗？

　　平等就业权，也称就业平等权，是就业权和平等权共同派生的一种权利，是指劳动者平等获得就业机会的权利。它既包括形式公平意义上的反就业歧视，以形成公平竞争就业的环境，又包括实质公平意义上的对特殊就业群体以扶持、援助和保护，弥补特殊就业群体获取就业机会的不足。其基本要求是保证劳动者依法享有平等就业和自主择业的权利。

　　《就业促进法》规定，劳动者依法享有平等就业和自主择业的权利。劳动者就业，不因民族、种族、性别、宗教信仰等不同而受歧视。

　　《劳动法》规定："妇女享有与男子平等的就业权利。"《就业促进法》第27条规定："国家保障妇女享有与男子平等的劳动权利。用人单位招用人员，除国家规定的不适合妇女的工种或者岗位外，不得以性别为由拒绝录用妇女或者提高对妇女的录用标准。用人单位录用女职工，不得在劳动合同中规定限制女职工结婚、生育的内容。"《妇女权益保障法》《女职工劳动保护特别规定》对妇女的平等就业权都作了明确规定。这些规定，对于妇女平等就业权的保护提供了有力的法律保障。

171.关于残疾人就业的特殊保障有哪些？

《就业促进法》第 29 条规定：国家保障残疾人的劳动权利。各级人民政府应当对残疾人就业统筹规划，为残疾人创造就业条件。用人单位招用人员，不得歧视残疾人。

《中华人民共和国残疾人保障法》关于残疾人就业的具体规定包括如下。

（1）国家对残疾人福利性企业事业组织和城乡残疾人个体劳动者，实行税收减免政策，并在生产、经营、技术、资金、物资、场地等方面给予扶持。

（2）地方人民政府和有关部门应当确定适合残疾人生产的产品，优先安排残疾人福利企业生产，并逐步确定某些产品由残疾人福利企业专产。

（3）政府有关部门下达职工招用、聘用指标时，应当确定一定数额用于残疾人。

（4）对于申请从事个体工商业的残疾人，有关部门应当优先核发营业执照，并在场地、信贷等方面给予照顾。

（5）对于从事各类生产劳动的农村残疾人，有关部门应当在生产服务、技术指导、农用物资供应、农副产品收购和信贷等方面，给予帮助。

（6）国家保护残疾人福利性企业事业组织的财产所有权和经营自

主权，其合法权益不受侵犯。

（7）在职工的招用、聘用、转正、晋级、职称评定、劳动报酬、生活福利、劳动保险等方面，不得歧视残疾人。

（8）对于国家分配的高等学校、中等专业学校、技工学校的残疾毕业生，有关单位不得因其残疾而拒绝接收；拒绝接收的，当事人可以要求有关部门处理，有关部门应当责令该单位接收。

（9）残疾职工所在单位，应当为残疾职工提供适应其特点的劳动条件和劳动保护。

《残疾人就业条例》规定："国家对残疾人就业实行集中就业与分散就业相结合的方针，促进残疾人就业。"集中就业，是指由国家和社会通过举办福利性企业、事业组织等，并确定一定比例的岗位，集中招用、聘用残疾人就业；分散就业，是指机关、团体、企业、事业组织、城乡集体经济组织按一定比例，相对分散地安排残疾人就业，以及残疾人个体就业、自主创业和参加农村种植、养殖、家庭手工业等生产劳动。集中就业和分散就业都是解决残疾人就业的重要形式，二者相辅相成，互为补充，共同构成了残疾人就业的主要渠道。

172.什么是就业困难人员？如何对就业困难人员实施就业援助？

就业困难人员是指因身体状况、技能水平、家庭因素、失去土地等原因难以实现就业，以及连续失业一定时间仍未能实现就业的人员。就业困难人员的具体范围，由省、自治区、直辖市人民政府根据本行政区域的实际情况规定。

《就业促进法》规定，各级人民政府建立健全就业援助制度，采取税费减免、贷款贴息、社会保险补贴、岗位补贴等办法，通过公益性岗位安置等途径，对就业困难人员实行优先扶持和重点帮助。

政府投资开发的公益性岗位，应当优先安排符合岗位要求的就业困难人员。被安排在公益性岗位工作的，按照国家规定给予岗位补贴。

地方各级人民政府加强基层就业援助服务工作，对就业困难人员实施重点帮助，提供有针对性的就业服务和公益性岗位援助。地方各级人民政府鼓励和支持社会各方面为就业困难人员提供技能培训、岗位信息等服务。

各级人民政府采取特别扶助措施，促进残疾人就业。用人单位应当按照国家规定安排残疾人就业，具体办法由国务院规定。

县级以上地方人民政府采取多种就业形式，拓宽公益性岗位范围，开发就业岗位，确保城市有就业需求的家庭至少有 1 人实现就业。法定劳动年龄内的家庭人员均处于失业状况的城市居民家庭，可以向住所地街道、社区公共就业服务机构申请就业援助。街道、社区公共就业服务机构经确认属实的，应当为该家庭中至少 1 人提供适当的就业岗位。

173.禁止招用童工的相关规定

为保护未成年人的身心健康，2002 年 10 月 1 日国务院公布了《禁止使用童工规定》。根据规定，包括国家机关、社会团体、企业事业单位、民办非企业单位、个体工商户在内的用人单位，均不得招用不满 16 周岁的未成年人，也就是童工；同时禁止任何单位或个人为不满 16 周岁的未成年人介绍就业，禁止不满 16 周岁的未成年人开业从事个体经营活动。

不满 16 周岁的未成年人的父母或其他监护人有义务保障其不被用人单位非法招用，用人单位在招用人员时也须核查被招用人员的身份证，县级以上各级人民政府劳动保障行政部门、公安、工商行政管理、教育、卫生等行政部门以及工会、共青团、妇联等群众组织负有相关义务。

　　凡用人单位使用童工的，由劳动保障行政部门按照每使用 1 名童工每月处 5000 元罚款的标准给予处罚；在使用有毒物品的作业场所使用童工的，从重处罚；用人单位在规定期限内仍不改正的，将按照每使用 1 名童工每月处 1 万元罚款的标准给予处罚，并吊销营业执照或撤销民办非企业单位登记。单位或个人为不满 16 周岁的未成年人介绍就业的，按照每介绍 1 人处 5000 元罚款的标准给予处罚。拐骗童工，强迫童工劳动，使用童工从事高空、井下、放射性、高毒、易燃易爆以及国家规定的第四级体力劳动强度的劳动，使用不满 14 周岁的童工，或造成童工死亡或严重伤残的，依法追究刑事责任。劳动保障部门、公安机关、工商行政管理部门等国家行政机关工作人员玩忽职守、滥用职权，构成犯罪的，也将依法追究其刑事责任。

174.残疾人就业的方针是什么？

　　《残疾人就业条例》规定，国家对残疾人就业实行集中就业与分散就业相结合的方针，促进残疾人就业。县级以上人民政府应当将残疾人就业纳入国民经济和社会发展规划，并制定优惠政策和具体扶持保护措施，为残疾人就业创造条件。

175.用人单位对残疾人就业承担什么责任？

　　用人单位应当按照一定比例安排残疾人就业，并为其提供适当的工种、岗位。用人单位安排残疾人就业的比例不得低于本单位在职职工总数的 1.5%。具体比例由省、自治区、直辖市人民政府根据本地区的实际情况规定。用人单位跨地区招用残疾人的，应当计入所安排的残疾人职工人数之内。

用人单位安排残疾人就业达不到其所在地省、自治区、直辖市人民政府规定比例的，应当缴纳残疾人就业保障金。

用人单位招用残疾人职工，应当依法与其签订劳动合同或者服务协议。

用人单位应当为残疾人职工提供适合其身体状况的劳动条件和劳动保护，不得在晋职、晋级、评定职称、报酬、社会保险、生活福利等方面歧视残疾人职工。

用人单位应当根据本单位残疾人职工的实际情况，对残疾人职工进行上岗、在岗、转岗等培训。

十

劳动合同法相关知识

176.建立劳动关系是否要订立劳动合同?

劳动合同是劳动者与用人单位确立劳动关系、明确双方权利和义务的协议。劳动合同是关系的凭据。《中华人民共和国劳动合同法》(以下简称《劳动合同法》)规定,建立劳动关系,应当订立书面劳动合同。已建立劳动关系,未同时订立书面劳动合同的,应当自用工之日起1个月内订立书面劳动合同。用人单位与劳动者在用工前订立劳动合同的,劳动关系自用工之日起建立。

《劳动合同法》规定,订立劳动合同,应当遵循合法、公平、平等自愿、协商一致、诚实信用的原则。

177.不签订书面劳动合同有哪些法律后果?

用人单位自用工之日起超过1个月但不满1年未与劳动者订立书面劳动合同的,应当向劳动者支付2倍的月工资,并与劳动者补订书面劳动合同,用人单位向劳动者每月支付两倍工资的起算时间为用工之日起满1个月的次日,截止时间为补订书面劳动合同的前1日。

用人单位自用工之日起满1年不与劳动者订立书面劳动合同的,视为用人单位与劳动者已订立无固定期限劳动合同,此时自用工之日起满

1 个月的次日至满 1 年的前 1 日应当向劳动者每月支付两倍的工资，并视为自用工之日起满 1 年的当日已经与劳动者订立无固定期限劳动合同，应当立即与劳动者补订书面劳动合同。如果用人单位违反法律规定不与劳动者订立无固定期限劳动合同的，自应当订立无固定期限劳动合同之日起向劳动者每月支付 2 倍的工资。

178.签订劳动合同之前，用人单位要告知劳动者哪些情况？

由于我国劳动力市场供求关系不平衡，用人单位往往处于相对强势的地位，不能平等地对待求职者。聘用单位的情况、信息对求职者的透明度往往是极低的，甚至有些单位还故意发布虚假信息，欺骗或非法招用求职者。因此法律明确要求用人单位尽到如实告知义务。

用人单位对劳动者的如实告知义务，体现在用人单位招用劳动者时，应当如实告知劳动者工作内容、工作条件、工作地点、职业危害、安全生产状况、劳动报酬，以及劳动者要求了解的其他情况。这些内容是法定的并且是无条件的，无论劳动者是否提出知悉要求，用人单位都应当主动将上述情况如实向劳动者说明。

179.用人单位招用劳动者，可以要求劳动者提供担保吗？

用人单位不得要求劳动者提供担保或者向劳动者收取财物，不得扣押劳动者的证件。在实践中，有些用人单位为防止劳动者在工作中给用人单位造成损失，不赔偿就不辞而别的情况，利用自己的强势地位，在招用劳动者时要求劳动者提供担保或者向劳动者收取风险抵押金的行为，是一种不合法的行为。此外，采取了一些变相的方法或手段，达到向员工收取抵押金的目的。如收取服装费、电脑费、住宿费、培训费、集资款（股金），变相获取风险抵押金，都是不合法的。

180.用人单位制定劳动规章制度的基本程序是什么？

根据《劳动合同法》规定，用人单位应当依法建立和完善劳动规章制度，保障劳动者享有劳动权利、履行劳动义务。用人单位在制定、修改或者决定有关劳动报酬、工作时间、休息休假、劳动安全卫生、保险福利、职工培训、劳动纪律以及劳动定额管理等直接涉及劳动者切身利益的规章制度或者重大事项时，应当经职工代表大会或者全体职工讨论，提出方案和意见，与工会或者职工代表平等协商确定。

在规章制度和重大事项决定实施过程中，工会或者职工认为不适当的，有权向用人单位提出，通过协商予以修改完善。

用人单位应当将直接涉及劳动者切身利益的规章制度和重大事项决定公示，或者告知劳动者。

181.劳动合同里需要写明哪些内容？

法律规定了劳动合同的必备条款和可备条款，使劳动合同能够明确、全面、具体，更好地规范双方的权利义务。

劳动合同的必备条款是指法律规定的劳动合同必须具备的内容。在法律规定了必备条款的情况下，如果劳动合同缺少此类条款，劳动合同就不能成立。必备条款包括以下内容。（1）用人单位的名称、住所和法定代表人或者主要负责人。（2）劳动者的姓名、住址和居民身份证或者其他有效身份证件号码。这两项用于明确劳动合同的用人单位和劳动者双方主体资格。（3）劳动合同期限，是双方当事人相互享有权利、履行义务的时间界限，即劳动合同的有效期限，劳动合同期限可分为固定期限、无固定期限和以完成一定工作任务为期限，选择哪类期限应在合同中明确。（4）工作内容和工作地点，工作内容，是指劳动法律关系所指向的对象，即劳动者具体从事什么种类或者内容的劳动，即工作岗位和工作任务或职责，工作地点是劳动合同的履行地，是劳动者从事劳动合同中所规定的工作内容的地点，它关系到劳动者的工作环境、生活环境，以及劳动者的就业选择，劳动者有权在与用人单位建立劳动关系时知悉自己的工作地点。（5）工作时间和休息休假，工作时间是指劳动者在企业、事业、机关、团体等单位中，必须用来完成其所担负的工作任务的时间，如 8 小时工作制还是 6 小时工作制、日班还是夜班等，对应的，休息休假是指企业、事业、机关、团体等单位的劳动者按规定不必进行工作，而自行支配的时间。（6）劳动报酬，这往往是劳动者最为关注的问题，需要具体明确，防止模糊约定而引发纠纷。（7）社会保险。（8）劳动保护、劳动条件和职业危害防护。（9）法律、法规规定应当纳入劳动合同的其他事项。

劳动合同除前面的必备条款外，用人单位与劳动者还可以约定试用期、培训、保守秘密、补充保险和福利待遇等其他事项。社会生活千变万化，劳动合同种类和当事人的情况也非常复杂，法律只能对劳动合同的条款进行概括，无法穷尽劳动合同的所有内容，当事人也可以根据需要在法律规定的可备条款之外对有关条款作新的补充性约定。

182.劳动合同期限有哪几种？

劳动合同分为固定期限劳动合同、无固定期限劳动合同和以完成一定工作任务为期限的劳动合同。

固定期限劳动合同，是指用人单位与劳动者约定合同终止时间的劳动合同。用人单位与劳动者协商一致，可以订立固定期限劳动合同。

无固定期限劳动合同，是指用人单位与劳动者约定无确定终止时间的劳动合同。用人单位与劳动者协商一致，可以订立无固定期限劳动合同。有下列情形之一，劳动者提出或者同意续订、订立劳动合同的，除劳动者提出订立固定期限劳动合同外，应当订立无固定期限劳动合同：（1）劳动者在该用人单位连续工作满 10 年的；（2）用人单位初次实行劳动合同制度或者国有企业改制重新订立劳动合同时，劳动者在该用人单位连续工作满 10 年且距法定退休年龄不足 10 年的；（3）连续订立 2 次固定期限劳动合同，且劳动者没有劳动合同法第 39 条和第 40 条第 1 项、第 2 项规定的情形，续订劳动合同的。

以完成一定工作任务为期限的劳动合同，是指用人单位与劳动者约定以某项工作的完成为合同期限的劳动合同。用人单位与劳动者协商一致，可以订立以完成一定工作任务为期限的劳动合同。

183.什么是试用期？试用期期限多长？

试用期是指用人单位对新录用的员工，往往都要有一个考察和试用的过程，以便用人单位和劳动者互相了解、选择，这个过程一般不超过 6 个月。《劳动合同法》规定：

（1）劳动合同期限 3 个月以上不满 1 年的，试用期不得超过 1 个月；

（2）劳动合同期限 1 年以上不满 3 年的，试用期不得超过 2 个月；

（3）3 年以上固定期限和无固定期限的劳动合同，试用期不超过 6 个月。

试用期包含在劳动合同期限内。

同一用人单位与同一劳动者只能约定 1 次试用期。

试用期劳动者的工资权受法律保护。《劳动合同法》规定，劳动者在试用期的工资不得低于本单位相同岗位最低档工资或者劳动合同约定工资的 80%，并不得低于用人单位所在地的最低工资标准。

184.用人单位可以与劳动者约定服务期吗？

可以。服务期是劳动合同当事人通过协商约定的因劳动者获得特殊的劳动条件，而劳动者为用人单位必须服务的期限，《劳动合同法》规定，用人单位为劳动者提供专项培训费用，对其进行专业技术培训的，可以与该劳动者订立协议，约定服务期。

劳动者违反服务期约定的，应当按照约定向用人单位支付违约金。违约金的数额不得超过用人单位提供的培训费用。用人单位要求劳动者支付的违约金不得超过服务期尚未履行部分所应分摊的培训费用。

用人单位与劳动者约定服务期的，不影响按照正常的工资调整机制提高劳动者在服务期期间的劳动报酬。

185.竞业限制仅限于用人单位的哪些人员？

《劳动合同法》规定，竞业限制的人员限于用人单位的高级管理人员、高级技术人员和其他负有保密义务的人员。可以作为竞业限制对象的主要有以下 5 类人：

（1）高层管理者，掌握企业大量商业秘密；

（2）技术研发人员，掌握企业技术秘密；

（3）高级营销人员，直接掌握着大量的客户资源；

（4）重要管理岗位的人员，如人力资源管理、财务管理、法务管理人员，许多公司关键资料都在他们那里；

（5）重要信息员，企业内的各种调研数据等都掌握在他们手里。这主要是针对咨询行业来说。

186.用人单位与劳动者约定"养老保险费由职工自理"的协议是否有效？

现实生活中，很多用人单位与劳动者约定，由劳动者自行缴纳社会保险费，其中包括应当由用人单位负担的部分，用人单位只负有代为缴纳的义务，这种约定是无效的。《劳动法》第70条规定：国家发展社会保险事业，建立社会保险制度，设立社会保险基金，使劳动者在年老、患病、工伤、失业、生育等情况下获得帮助和补偿。《社会保险费征缴暂行条例》第2条规定：本条例所称缴费单位、缴费个人，是指依照有关法律、行政法规和国务院的规定，应当缴纳社会保险费的单位和个人。第7条规定：缴费单位必须向当地社会保险经办机构办理社会保险登记，参加社会保险。第12条规定：缴费单位和缴费个人应当以货币形式全额缴纳社会保险费。缴费个人应当缴纳的社会保险费，由所在单位从其本人工资中代扣代缴。社会保险费不得减免。上述法律规定，明确了社会保险费由国家、企业和个人共同承担的原则。而缴纳社会保险是企业应尽的法定义务，具有强制性。虽然企业与职工约定了由职工个人负担保险费用，但该约定违反了国家的法律规定，属无效协议。

187.哪些情况下，劳动者可以单方解除劳动合同？

《劳动合同法》第37条规定："劳动者提前30日以书面形式通知用人单位，可以解除劳动合同。劳动者在试用期内提前3日通知用人单位，可以解除劳动合同。"

根据《劳动合同法》第38条规定，有下列情形之一的，劳动者可以随时通知用人单位解除劳动合同：

（1）用人单位未按照劳动合同的约定提供劳动保护或者劳动条

件的;

（2）用人单位未及时足额支付劳动报酬的;

（3）用人单位未依法为劳动者缴纳社会保险费的;

（4）用人单位的规章制度违反法律、法规的规定，损害劳动者权益的;

（5）因本法第 26 条第 1 款规定的情形致使劳动合同无效的;

（6）法律、行政法规规定的其他情形。

用人单位以暴力、威胁或者非法限制人身自由的手段强迫劳动者劳动的，或者用人单位违章指挥、强令冒险作业危及劳动者人身安全的，劳动者可以立即解除劳动合同，不需事先告知用人单位。

188.哪些情况下用人单位可以单方解除劳动合同?

《劳动合同法》规定劳动者有下列情形之一的，用人单位可以解除劳动合同:

（1）在试用期间被证明不符合录用条件的;

（2）严重违反用人单位的规章制度的;

（3）严重失职，营私舞弊，给用人单位造成重大损害的;

（4）劳动者同时与其他用人单位建立劳动关系，对完成本单位的工作任务造成严重影响，或者经用人单位提出，拒不改正的;

（5）因本法第 26 条第 1 款第 1 项规定的情形致使劳动合同无效的;

（6）被依法追究刑事责任的。

有下列情形之一的，用人单位提前 30 日以书面形式通知劳动者本人或者额外支付劳动者 1 个月工资后，可以解除劳动合同:

（1）劳动者患病或者非因工负伤，在规定的医疗期满后不能从事原工作，也不能从事由用人单位另行安排的工作的;

（2）劳动者不能胜任工作，经过培训或者调整工作岗位，仍不能胜任工作；

（3）劳动合同订立时所依据的客观情况发生重大变化，致使劳动合同无法履行，经用人单位与劳动者协商，未能就变更劳动合同内容达成协议的。

189.在哪些情形下，用人单位可以裁减人员？

《劳动合同法》规定，有下列情形之一，需要裁减人员 20 人以上或者裁减不足 20 人但占企业职工总数 10%以上的，用人单位提前 30 日向工会或者全体职工说明情况，听取工会或者职工的意见后，裁减人员方案经向劳动行政部门报告，可以裁减人员：

（1）依照企业破产法规定进行重整的；

（2）生产经营发生严重困难的；

（3）企业转产、重大技术革新或者经营方式调整，经变更劳动合同后，仍需裁减人员的；

（4）其他因劳动合同订立时所依据的客观经济情况发生重大变化，致使劳动合同无法履行的。

根据《劳动合同法》规定，裁减人员时，应当优先留用下列人员：

（1）与本单位订立较长期限的固定期限劳动合同的；

（2）与本单位订立无固定期限劳动合同的；

（3）家庭无其他就业人员，有需要扶养的老人或者未成年人的。

190.劳动者在哪些情形下，用人单位不得解除劳动合同？

《劳动合同法》规定，劳动者有下列情形之一的，用人单位不得依照本法第 40 条、第 41 条的规定解除劳动合同：

（1）从事接触职业病危害作业的劳动者未进行离岗前职业健康检查，或者疑似职业病病人在诊断或者医学观察期间的；

（2）在本单位患职业病或者因工负伤并被确认丧失或者部分丧失劳动能力的；

（3）患病或者非因工负伤，在规定的医疗期内的；

（4）女职工在孕期、产期、哺乳期的；

（5）在本单位连续工作满15年，且距法定退休年龄不足5年的；

（6）法律、行政法规规定的其他情形。

191.用人单位解除劳动合同是否应当将理由事先通知工会？

应当。根据《劳动合同法》规定，用人单位单方解除劳动合同，应当事先将理由通知工会。用人单位违反法律、行政法规规定或者劳动合同约定的，工会有权要求用人单位纠正。用人单位应当研究工会的意见，并将处理结果书面通知工会。

192.哪些情形下用人单位应向劳动者支付经济补偿？经济补偿标准是多少？

用人单位应当向劳动者支付经济补偿的情形有：（1）因用人单位的过错劳动者依法解除劳动合同的；（2）用人单位提出并与劳动者协商一致解除劳动合同的；（3）因劳动者身体、能力及客观情况变化等原因，使劳动合同不能履行，用人单位依法解除劳动合同的；（4）用人单位进行经济性裁员解除劳动合同的；（5）劳动合同期满，劳动者愿意在维持或者提高劳动合同约定条件下续订劳动合同，而用人单位不同意续订，终止固定期限劳动合同的；（6）用人单位被依法宣告破产的；（7）用人单位被吊销营业执照、责令关闭、撤销或者用人单位决定提前解散的；（8）法律、行政法规规定的其他情形。

在劳动合同解除或者终止，用人单位依法支付经济补偿时，就涉及如何计算经济补偿的问题。根据《劳动合同法》第47条规定，经济补偿按劳动者在本单位工作的年限，每满1年支付1个月工资的标准向劳动者支付。6个月以上不满1年的，按1年计算；不满6个月的，向劳动者支付半个月工资的经济补偿。劳动者月工资高于用人单位所在直辖市、设区的市级人民政府公布的本地区上年度职工月平均工资3倍的，向其支付经济补偿的标准按职工月平均工资3倍的数额支付，向其支付经济补偿的年限最高不超过12年。这里的月工资是指劳动者在劳动合同解除或者终止前12个月的平均工资。

计算经济补偿的普遍模式是：工作年限×每工作1年应得的经济补偿。

193.用人单位未依法出具解除劳动合同证明需要承担法律责任吗？

用人单位应当在解除或者终止劳动合同的同时出具解除或者终止劳动合同的证明，并应当写明劳动合同期限、解除或者终止劳动合同的日期、工作岗位、在本单位的工作年限，以方便劳动者办理失业保险登记或在下一份工作要求时出具。用人单位违反劳动合同法规定未向劳动者出具解除或者终止劳动合同的书面证明，由劳动行政部门责令改正；给劳动者造成损害的，比如造成劳动者长时间得不到失业保险金，应当承担赔偿责任。

194.什么是劳务派遣？经营劳务派遣应当具备哪些条件？

劳务派遣，是指由劳务派遣机构与派遣劳工订立劳动合同，把劳动者派向其他用工单位，再由其用工单位向派遣机构支付一笔服务费用的一种用工形式。

经营劳务派遣业务应当具备下列条件：

（1）注册资本不得少于人民币 200 万元；

（2）有与开展业务相适应的固定的经营场所和设施；

（3）有符合法律、行政法规规定的劳务派遣管理制度；

（4）法律、行政法规规定的其他条件。

195.劳务派遣只能在哪些岗位实施？

劳动合同用工是我国的企业基本用工形式。劳务派遣用工是补充形式，只能在临时性、辅助性或者替代性的工作岗位上实施。临时性工作岗位是指存续时间不超过 6 个月的岗位；辅助性工作岗位是指为主营业务岗位提供服务的非主营业务岗位；替代性工作岗位是指用工单位的劳动者因脱产学习、休假等原因无法工作的一定期间内，可以由其他劳动者替代工作的岗位。用工单位应当严格控制劳务派遣用工数量，不得超过其用工总量的一定比例，具体比例由国务院劳动行政部门规定。

196.用工单位应当对被派遣劳动者履行哪些义务？

（1）执行国家劳动标准，提供相应的劳动条件和劳动保护；

（2）告知被派遣劳动者的工作要求和劳动报酬；

（3）支付加班费、绩效奖金，提供与工作岗位相关的福利待遇；

（4）对在岗被派遣劳动者进行工作岗位所必需的培训；

（5）连续用工的，实行正常的工资调整机制；

（6）不得将被派遣劳动者再派遣到其他用人单位；

（7）不得歧视被派遣劳动者。

被派遣劳动者在用工单位因工作遭受事故伤害的，劳务派遣单位应当依法申请工伤认定，用工单位应当协助工伤认定的调查核实工作。劳务派遣单位承担工伤保险责任，但可以与用工单位约定补偿办法。

197. 与全日制用工形式相比，非全日制用工有什么特点？

非全日制用工，是指以小时计酬为主，劳动者在同一用人单位一般平均每日工作时间不超过 4 小时，每周工作时间累计不超过 24 小时的用工形式。

非全日制用工有以下特点：一是非全日制用工双方当事人可以订立口头协议。二是从事非全日制用工的劳动者可以与 1 个或 1 个以上用人单位订立劳动合同，但是后订立的劳动合同不得影响先订立的劳动合同的履行。三是非全日制用工双方当事人不得约定试用期。四是非全日制用工双方当事人任何一方都可以随时通知对方终止用工。五是终止非全日制用工时，用人单位不必向劳动者支付经济补偿。需要强调的是，与普通用工形式一样，非全日制用工小时计酬标准不得低于用人单位所在地人民政府规定的最低小时工资标准。根据原劳动保障部《关于非全日制用工若干问题的意见》，从事非全日制工作的劳动者参照个体工商户的参保办法参加基本养老保险，并可以以个人身份参加基本医疗保险，但用人单位应当为从事非全日制工作的劳动者缴纳工伤保险费。

非全日制用工的用人单位应当按时足额支付非全日制劳动者的工资，用人单位支付非全日制劳动者的小时工资不得低于用人单位所在地人民政府规定的小时最低工资标准。非全日制用工的小时最低工资标准由省、自治区、直辖市规定，并报人力资源和社会保障部备案。

但由于非全日制用工具有短时灵活的特点，在工资的计算支付上有其特殊之处，此前 2003 年 5 月 30 日原劳动保障部颁发的《关于非全日制用工若干问题的意见》规定非全日制用工的工资支付可以按小时、日、周或月为单位结算，而劳动合同法缩短了非全日制劳动结算的最长周期，不再允许以月为结算单位，非全日制用工劳动报酬结算周期最长不得超过 15 日，从而更好地保证劳动者及时领取报酬，维护其经济利益。

十一

职业培训法律规定相关知识

198.什么是职业培训和职业教育？

职业培训，也称职业技能培训，是指对准备就业和已经就业的人员，以开发其职业技能为目的而进行的技术业务知识和实际操作能力的教育和训练。职业培训是国民教育的一个重要组成部分。它同普通教育既有联系，又有区别。两者都是开发智力、培养人才，但是职业培训是直接培养劳动者，使其掌握从事某种职业的必要的专门知识和技能。

《中华人民共和国职业教育法》（以下简称《职业教育法》）规定，职业教育，是指为了培养高素质技术技能人才，使受教育者具备从事某种职业或者实现职业发展所需要的职业道德、科学文化与专业知识、技术技能等职业综合素质和行动能力而实施的教育，包括职业学校教育和职业培训。

职业教育是与普通教育具有同等重要地位的教育类型，是国民教育体系和人力资源开发的重要组成部分，是培养多样化人才、传承技术技能、促进就业创业的重要途径。国家大力发展职业教育，推进职业教育改革，提高职业教育质量，增强职业教育适应性，建立健全适应社会主义市场经济和社会发展需要、符合技术技能人才成长规律的职业教育制度体系，为全面建设社会主义现代化国家提供有力人才和技能支撑。

199.职业培训包括哪些基本内容?

职业培训的基本内容一般分为基本素质培训、职业知识培训、专业知识与技能培训和社会实践培训。

(1) 基本素质培训包括文化知识、道德知识、法律知识、公共关系与社会知识、生产知识与技能。这种培训主要是培养熟练工,培训的内容以基本素质培训为主,并结合用人单位的岗位设置及职业要求进行培训。

(2) 职业知识培训包括职业基础知识、职业指导、劳动安全与保护知识、社会保险知识等。使求职者了解国家有关就业方针政策以及个人选择职业的知识和方法;掌握求职技巧、开业程序与相关政策;了解职业安全与劳动保护有关政策和知识;掌握社会保险方面的知识和政策。

(3) 专业知识与技能培训包括专业理论、专业技能和专业实习。学员在专业理论的指导下掌握一定的专业技能,并通过在企业的实习,提高解决实际问题的能力,为就业打好基础。

(4) 社会实践包括各种社会公益活动、义务劳动、参观学习和勤工俭学等。

200.职业学校教育分为哪些?

职业学校教育分为中等职业学校教育、高等职业学校教育。

中等职业学校教育由高级中等教育层次的中等职业学校(含技工学校)实施。

高等职业学校教育由专科、本科及以上教育层次的高等职业学校和普通高等学校实施。根据高等职业学校设置制度规定,将符合条件的技师学院纳入高等职业学校序列。

其他学校、教育机构或者符合条件的企业、行业组织按照教育行政部门的统筹规划，可以实施相应层次的职业学校教育或者提供纳入人才培养方案的学分课程。

职业培训包括就业前培训、在职培训、再就业培训及其他职业性培训，可以根据实际情况分级分类实施。职业培训可以由相应的职业培训机构、职业学校实施。其他学校或者教育机构以及企业、社会组织可以根据办学能力、社会需求，依法开展面向社会的、多种形式的职业培训。

201.企业在职业教育中的职责是什么？

企业应当根据本单位实际，有计划地对本单位的职工和准备招用的人员实施职业教育，并可以设置专职或者兼职实施职业教育的岗位。

企业应当按照国家有关规定实行培训上岗制度。企业招用的从事技术工种的劳动者，上岗前必须进行安全生产教育和技术培训；招用的从事涉及公共安全、人身健康、生命财产安全等特定职业（工种）的劳动者，必须经过培训并依法取得职业资格或者特种作业资格。

企业开展职业教育的情况应当纳入企业社会责任报告。

企业可以利用资本、技术、知识、设施、设备、场地和管理等要素，举办或者联合举办职业学校、职业培训机构。

202.如何推行中国特色学徒制？

国家推行中国特色学徒制，引导企业按照岗位总量的一定比例设立学徒岗位，鼓励和支持有技术技能人才培养能力的企业特别是产教融合型企业与职业学校、职业培训机构开展合作，对新招用职工、在岗职工和转岗职工进行学徒培训，或者与职业学校联合招收学生，以工学结合的方式进行学徒培养。有关企业可以按照规定享受补贴。

企业与职业学校联合招收学生，以工学结合的方式进行学徒培养的，应当签订学徒培养协议。

203.职业学校如何设立？可以依法开展哪些活动？

职业学校的设立，应当符合下列基本条件：

（1）有组织机构和章程；

（2）有合格的教师和管理人员；

（3）有与所实施职业教育相适应、符合规定标准和安全要求的教学及实习实训场所、设施、设备以及课程体系、教育教学资源等；

（4）有必备的办学资金和与办学规模相适应的稳定经费来源。

设立中等职业学校，由县级以上地方人民政府或者有关部门按照规定的权限审批；设立实施专科层次教育的高等职业学校，由省、自治区、直辖市人民政府审批，报国务院教育行政部门备案；设立实施本科及以上层次教育的高等职业学校，由国务院教育行政部门审批。

专科层次高等职业学校设置的培养高端技术技能人才的部分专业，符合产教深度融合、办学特色鲜明、培养质量较高等条件的，经国务院教育行政部门审批，可以实施本科层次的职业教育。职业学校应当依法办学，依据章程自主管理。

职业学校在办学中可以开展下列活动：

（1）根据产业需求，依法自主设置专业；

（2）基于职业教育标准制定人才培养方案，依法自主选用或者编写专业课程教材；

（3）根据培养技术技能人才的需要，自主设置学习制度，安排教学过程；

（4）在基本学制基础上，适当调整修业年限，实行弹性学习制度；

（5）依法自主选聘专业课教师。

204.职业培训机构的设立必须符合哪些条件？

根据《职业教育法》规定，职业培训机构的设立，应当符合下列基本条件：

（1）有组织机构和管理制度；

（2）有与培训任务相适应的课程体系、教师或者其他授课人员、管理人员；

（3）有与培训任务相适应、符合安全要求的场所、设施、设备；

（4）有相应的经费。

职业培训机构的设立、变更和终止，按照国家有关规定执行。

205.职业教育经费如何保障？

国家优化教育经费支出结构，使职业教育经费投入与职业教育发展需求相适应，鼓励通过多种渠道依法筹集发展职业教育的资金。

各级人民政府应当按照事权和支出责任相适应的原则，根据职业教育办学规模、培养成本和办学质量等落实职业教育经费，并加强预算绩效管理，提高资金使用效益。

省、自治区、直辖市人民政府应当制定本地区职业学校生均经费标准或者公用经费标准。职业学校举办者应当按照生均经费标准或者公用经费标准按时、足额拨付经费，不断改善办学条件。不得以学费、社会服务收入冲抵生均拨款。

民办职业学校举办者应当参照同层次职业学校生均经费标准，通过多种渠道筹措经费。

财政专项安排、社会捐赠指定用于职业教育的经费，任何组织和个人不得挪用、克扣。

地方各级人民政府安排地方教育附加等方面的经费，应当将其中可用于职业教育的资金统筹使用；发挥失业保险基金作用，支持职工提升职业技能。

各级人民政府加大面向农村的职业教育投入，可以将农村科学技术开发、技术推广的经费适当用于农村职业培训。

企业应当根据国务院规定的标准，按照职工工资总额一定比例提取和使用职工教育经费。职工教育经费可以用于举办职业教育机构、对本单位的职工和准备招用人员进行职业教育等合理用途，其中用于企业一线职工职业教育的经费应当达到国家规定的比例。用人单位安排职工到职业学校或者职业培训机构接受职业教育的，应当在其接受职业教育期间依法支付工资，保障相关待遇。企业设立具备生产与教学功能的产教融合实习实训基地所发生的费用，可以参照职业学校享受相应的用地、公用事业费等优惠。

国家鼓励金融机构通过提供金融服务支持发展职业教育。

国家鼓励企业、事业单位、社会组织及公民个人对职业教育捐资助学，鼓励境外的组织和个人对职业教育提供资助和捐赠。提供的资助和捐赠，必须用于职业教育。

206.我国职业资格证书分为几个等级?

职业资格证书，是指按照国家制定的职业技能标准或任职资格条件，通过政府认定的考核鉴定机构，对劳动者的技能水平或职业资格进行客观公正、科学规范的评价和鉴定，对合格者授予相应的国家职业资格证书。职业资格证书是表明劳动者具有从事某一职业所必备的学识和技能的证明。它是劳动者求职、任职、开业的资格凭证，是用人单位招聘、录用劳动者的主要依据，也是境外就业、对外劳务合作人员办理技能水平公证的有效证件。职业资格证书与职业劳动活动密切相连，反映特定职业的实际工作标准和规范。

《劳动法》第69条规定："国家确定职业分类，对规定的职业制定职业技能标准，实行职业资格证书制度，由经过政府批准的考核鉴定机构负责对劳动者实施职业技能考核鉴定。"《职业教育法》第8条明确指出："实施职业教育应当根据实际需要，同国家制定的职业分类和职业等级标准相适应，实行学历文凭、培训证书和职业资格证书制度。"

我国职业资格证书分为5个等级。

（1）高级技师（一级/高级职称）：能够熟练运用专门技术和特殊能力在本职业的各个领域完成复杂的、非常规性工作；熟练掌握本职业的关键操作技术，能够独立处理和解决高难度的技术难题；在技术攻关方面有创新。能组织开展技术改造、技术革新活动；能组织开展系统的专业技术培训；具有技术管理能力。

（2）技师（二级/中级职称）：能够熟练运用基本技术和专门能力完成较为复杂的工作，包括完成部分非常规性工作；能够独立处理工作中出现的问题；能指导他人进行工作或协助培训一般人员。

（3）高级（三级/助理职称）：能够熟练运用专门技术和特殊能力完成复杂的、非常规性的工作；掌握本职业的关键技术，能够独立处理和解决技术难题；在技术方面有创新；能组织指导他人进行工作；能培训一般人员；具有一定的技术管理能力。

（4）中级（四级）：能够熟练运用基本技能独立完成本职业的常规工作；在特定情况下，能运用专门技能完成技术较为复杂的工作，能够与他人进行合作。

（5）初级（五级）：能够运用基本技能独立完成本职业的常规工作。

企业可根据技术技能发展水平等情况，结合实际，在现有职业技能等级设置的基础上适当增加或调整技能等级。对没有等级技师的职业

（工种），可在其上增设特级技师和首席技师技术职务（岗位），在初级的工之下补设学徒工。

207.企业职工教育培训经费如何提取？如何使用？

根据《关于企业职工教育经费提取与使用管理的意见》规定，要切实执行《国务院关于大力推进职业教育改革与发展的决定》（国发〔2002〕16号）中关于"一般企业按照职工工资总额的1.5%足额提取教育培训经费，从业人员技术要求高、培训任务重、经济效益较好的企业，可按2.5%提取，列入成本开支"的规定，足额提取职工教育培训经费。要保证经费专项用于职工特别是一线职工的教育和培训，严禁挪作他用。

根据《关于企业职工教育经费提取与使用管理的意见》要求，职工教育培训经费必须专款专用，面向全体职工开展教育培训，特别是要加强各类高技能人才的培养。

企业职工教育培训经费列支范围包括：

（1）上岗和转岗培训；

（2）各类岗位适应性培训；

（3）岗位培训、职业技术等级培训、高技能人才培训；

（4）专业技术人员继续教育；

（5）特种作业人员培训；

（6）企业组织的职工外送培训的经费支出；

（7）职工参加的职业技能鉴定、职业资格认证等经费支出；

（8）购置教学设备与设施；

（9）职工岗位自学成才奖励费用；

（10）职工教育培训管理费用；

（11）有关职工教育的其他开支。

十二

工资、工时法律制度相关知识

208.如何提高高技能领军人才的经济待遇？

高技能领军人才包括获得全国劳动模范、全国五一劳动奖章、中华技能大奖、全国技术能手等荣誉以及享受省级以上政府特殊津贴的人员，或各省（自治区、直辖市）政府认定的"高精尖缺"高技能人才。

《关于提高技术工人待遇的意见》规定，鼓励企业为高技能领军人才制定职业发展规划和年资（年功）工资制度，科学评价技能水平和业绩贡献，合理确定年资起加点和工资级差。试行高技能领军人才年薪制和股权期权激励，鼓励各类企业设立特聘岗位津贴、带徒津贴等，参照高级管理人员标准落实经济待遇。对于参与国家科技计划项目的高技能领军人才，鼓励所在单位根据其在项目中的实际贡献给予绩效奖励。落实中央财政科研项目资金管理等政策，制订间接费用统筹使用内部管理办法，对高技能领军人才进行绩效奖励，提高高技能领军人才创新创造的积极性。对于解决重大工艺技术难题和重大质量问题、技术创新成果获得省部级以上奖项、"师带徒"业绩突出的，取消学历、年限等限制，破格晋升技术等级。

209.如何完善符合技术工人特点的企业工资分配制度？

《关于提高技术工人待遇的意见》规定，指导企业深化工资分配制度改革，建立基于岗位价值、能力素质、业绩贡献的工资分配机制，强化工资收入分配的技能价值激励导向。鼓励企业在工资结构中设置体现技术技能价值的工资单元，或对关键技术岗位、关键工序和紧缺急需的技术工人实行协议工资、项目工资、年薪制等分配形式，提高技术工人工资待遇。鼓励企业建立针对技术工人的补助性津贴制度，提高技术工人津贴水平。

《关于提高技术工人待遇的意见》规定，推动企业建立健全反映劳动力市场供求关系和企业经济效益的工资决定及正常增长机制，积极推进工资集体协商，引导企业科学确定技术工人工资水平并实现合理增长。国有企业工资总额分配要向高技能人才倾斜，高技能人才人均工资增幅应不低于本单位管理人员人均工资增幅。

210.工资支付有什么规定？

《劳动法》规定，工资应当以货币形式按月支付给劳动者本人。不得克扣或者无故拖欠劳动者的工资。

根据法律规定，用人单位在下列情况下可以代扣劳动者工资：

（1）用人单位代扣代缴的个人所得税；

（2）用人单位代扣代缴的应由劳动者个人负担的各项社会保险费用；

（3）法院判决、裁定中要求代扣的抚养费、赡养费；

（4）法律、法规规定可以从劳动者工资中扣除的其他费用。

工资一般应当按月支付，用人单位与劳动者可以约定工资支付日期，工资发放日如遇节假日或休息日，则应提前在最近的工作日支付。用人单位每月至少应支付 1 次工资，对于实行小时工资制和周工资制的人员，工资也可以按日或周发放。对完成一次性临时劳动或某项具体工作的劳动者，用人单位应按有关协议或合同规定在其完成劳动任务后即支付工资。劳动关系双方依法解除或终止劳动合同时，用人单位应在解除或终止劳动合同时一次付清劳动者的工资。

211.什么是特殊情况下工资支付？

特殊情况下的工资，是指在法律规定的特殊情况和合同约定情况下，按照有关规定和约定，而不按劳动者提供劳动的数量和质量支付给劳动者的工资。《劳动法》第51条："劳动者在法定休假日和婚丧假期间以及依法参加社会活动期间，用人单位应当依法支付工资。"

212.加班加点工资标准是怎样规定的？

用人单位在劳动者完成劳动定额或规定的工作任务后，根据实际需要安排劳动者在法定标准工作时间以外工作的，应按以下标准支付工资。

（1）用人单位依法安排劳动者在日法定标准工作时间以外延长工作时间的，按照不低于劳动合同规定的劳动者本人小时工资标准的150%支付劳动者工资。

（2）用人单位依法安排劳动者在休息日工作，而又不能安排补休的，按照不低于劳动合同规定的劳动者本人日或小时工资标准的200%支付劳动者工资。

（3）用人单位依法安排劳动者在法定休假节日工作的，按照不低于劳动合同规定的劳动者本人日或小时工资标准的300%支付劳动者工资。

（4）日工资、小时工资的折算。根据《关于职工全年月平均工作时间和工资折算问题的通知》（劳社部发〔2008〕3号），日工资、小时工资的折算为：

日工资：月工资收入÷月计薪天数；

小时工资：月工资收入÷（月计薪天数×8 小时）；

月计薪天数 =（365 天－104 天）÷12 月 = 21.75 天。

实行计件工资的劳动者，在完成计件定额任务后，由用人单位安排延长工作时间的，应根据上述规定的原则，分别按照不低于其本人法定工作时间计件单价的 150%、200%、300% 支付其工资。

213. 确定和调整最低工资标准应当综合参考哪些因素？

确定和调整最低工资标准应当综合参考下列因素：

（1）劳动者本人及平均赡养人口的最低生活费用；

（2）社会平均工资水平；

（3）劳动生产率；

（4）就业状况；

（5）地区之间经济发展水平的差异。

确定和调整小时最低工资标准，还应当综合考虑非全日制工作的职业稳定、福利待遇等因素。

最低工资标准应当高于当地的社会救济金和失业保险金标准，低于平均工资。最低工资标准发布实施后，如确定最低工资标准参考的因素发生变化，或本地区职工生活费用价格指数累计变动较大时，应当适时调整，但每年最多调整 1 次。

214. 在计算最低工资时应当剔除哪些项目？

根据《劳动法》《最低工资规定》，在劳动者提供正常劳动的情况下，用人单位应支付给劳动者的工资在剔除下列各项以后，不得低于当地最低工资标准：

（1）延长工作时间工资；

（2）中班、夜班、高温、低温、井下、有毒有害等特殊工作环境、条件下的津贴；

（3）法律、法规和国家规定的劳动者福利待遇等。

用人单位低于当地最低工资标准支付劳动者工资的，由劳动行政部门责令限期支付劳动报酬、加班费；劳动报酬低于当地最低工资标准的，应当支付其差额部分；逾期不支付的，责令用人单位按应付金额50%以上100%以下的标准向劳动者加付赔偿金。因此，用人单位低于当地最低工资标准支付工资，由劳动行政部门责令其限期补齐差额部分，如预期还不补齐，那么就要加付差额部分50%到100%的赔偿金。

215.停工停产期间工资如何支付？

原劳动部1994年发布的《工资支付暂行规定》中对企业停工、停产期间的工资发放原则作了规定："非因劳动者原因造成单位停工、停产在1个工资支付周期内的，用人单位应按劳动合同规定的标准支付劳动者工资。超过一个工资支付周期的，若劳动者提供了正常劳动，则支付给劳动者的劳动报酬不得低于当地的最低工资标准；若劳动者没有提供正常劳动，应按国家有关规定办理。"

216.劳动者的法定工作时间是多少？

《劳动法》规定，国家实行劳动者每日工作时间不超过8小时，平均每周工作时间不超过44小时的工时制度。1995年3月25日国务院发布的《国务院关于修改〈国务院关于职工工作时间的规定〉的规定》第3条规定："职工每日工作8小时，每周工作40小时。"即从1995年

5月1日起，我国标准工作时间为每日工作8小时、每周工作40小时的5日工作周。

217.用人单位在什么情形下应当缩短劳动者的工作时间？

缩短工作时间是指在特殊情况下劳动者实行的少于标准工作时间长度的工时形式，在特殊条件下从事劳动和有特殊情况，需要适当缩短工作时间的，可以按照国家有关规定执行。目前我国实行缩短工作时间的劳动者有以下几种。

（1）从事矿山井下、高温、低温、有毒有害，特别繁重或过度紧张的劳动的职工，实行每日工作少于8小时的工作时间。

（2）从事夜班工作的劳动者。

（3）在哺乳期工作的女职工。

（4）其他依法可以缩短工作日工作制的职工，如在特殊条件下从事劳动和有特殊情况，需要在每周工作40小时的基础上再适当缩短工作时间的，应在保证完成生产和工作任务的前提下，根据《劳动法》第36条的规定，由企业根据实际情况决定。在特殊条件下从事劳动和有特殊情况，需要适当缩短工作时间的，由各省、自治区、直辖市和各主管部门按隶属关系提出意见，报人社部批准。即除上述法定的特殊条件下从事劳动和特殊情况的职工可以实行缩短工作时间工作制外，其他需要缩短工时的用人单位，在依法履行审批手续后，也可以实行缩短工作时间制。

218.对哪些职工可以实行不定时工作制？

不定时工作制是指每一工作日没有固定的上下班时间限制的工作时间制度。它是针对因生产特点、工作特殊需要或职责范围的关系，无法按标准工作时间衡量或需要机动作业的职工所采用的一种工时制度。经批准实行不定时工作制的职工，不受《劳动法》第 41 条规定的日延长工作时间标准和月延长工作时间标准的限制，但用人单位应采用弹性工作时间等适当的工作和休息方式，确保职工的休息休假权利和生产、工作任务的完成。实行不定时工作制人员不执行加班工资的规定。但是实行不定时工作人员的工作时间仍应按照相关法规文件的规定，平均每天原则上工作 8 小时，每周至少休息 1 天。

企业对符合下列条件之一的职工，可以实行不定时工作制：

（1）企业中的高级管理人员、外勤人员、推销人员、部分值班人员和其他因工作无法按标准工作时间衡量的职工；

（2）企业中的长途运输人员、出租汽车司机和铁路、港口、仓库的部分装卸人员以及因工作性质特殊，需机动作业的职工；

（3）其他因生产特点、工作特殊需要或职责范围的关系，适合实行不定时工作制的职工。

219. 对哪些职工可以实行综合计算工时工作制？

综合工时制是指分别以周、月、季、年等为周期，综合计算工作时间，但其平均日工作时间和平均周工作时间应与法定标准工作时间基本相同。

企业对符合下列条件之一的职工，可实行综合计算工时工作制，即分别以周、月、季、年等为周期，综合计算工作时间，但其平均日工作时间和平均周工作时间应与法定标准工作时间基本相同。

（1）交通、铁路、邮电、水运、航空、渔业等行业中因工作性质特殊，需连续作业的职工；

（2）地质及资源勘探、建筑、制盐、制糖、旅游等受季节和自然条件限制的行业的部分职工；

（3）其他适合实行综合计算工时工作制的职工。

220.关于用人单位延长工作时间的相关规定？

根据《劳动法》规定，用人单位由于生产经营需要，经与工会和劳动者协商后可以延长工作时间，一般每日不得超过 1 小时；因特殊原因需要延长工作时间的，在保障劳动者身体健康的条件下延长工作时间每日不得超过 3 小时，但每月不得超过 36 小时。

根据《劳动法》第 42 条的规定，具备下列情形之一的，延长工作时间不受法律规定的条件、程序和时间的限制。

（1）发生自然灾害、事故或因其他原因，威胁劳动者生命健康和财产安全，需要紧急处理的。一般是指发生地震、洪水、抢险、交通事故、矿山井下事故抢险等，必须紧急处理的。

（2）生产设备、交通运输线路、公共设施发生故障，影响生产和公众利益，必须及时抢修的。一般是指企业的生产流水线、企业的主要生产设备发生故障，铁路线路发生故障、公路干线发生交通堵塞，自来水管道、下水管道、煤气管道、供电线路等发生故障，必须及时抢修的。

（3）法律、行政法规规定的其他情形。

221.劳动者法定节假日有哪些？

法定节假日，是指法律规定用以开展纪念、庆祝活动的休息时间。根据《劳动法》及有关规定，劳动者法定节假日休息包括下面几种：

全体公民放假的节日：

（1）新年，放假 1 天（1 月 1 日）；

（2）春节，放假 3 天（正月初一、初二、初三）；

（3）清明节，放假 1 天（农历清明当日）；

（4）劳动节，放假 1 天（5 月 1 日）；

（5）端午节，放假 1 天（农历端午当日）；

（6）中秋节，放假 1 天（农历中秋当日）；

（7）国庆节，放假 3 天（10 月 1 日、2 日、3 日）。

部分公民放假的节日及纪念日：

（1）妇女节（3 月 8 日），妇女放假半天；

（2）青年节（5 月 4 日），14 周岁以上的青年放假半天；

（3）儿童节（6 月 1 日），不满 14 周岁的少年儿童放假 1 天；

（3）中国人民解放军建军节（8 月 1 日），现役军人放假半天。

少数民族习惯的节日，由各少数民族聚居地区的地方人民政府，按照各该民族习惯，规定放假日期。

222.年休假的规定主要有哪些？

年休假，是国家根据劳动者工作年限和劳动繁重紧张程度每年给予的一定期间的带薪连续休假。机关、团体、企业、事业单位、民办非企业单位、有雇工的个体工商户等单位的职工连续工作 1 年以上的，享受带薪年休假。

职工累计工作已满 1 年不满 10 年的，年休假 5 天；已满 10 年不满 20 年的，年休假 10 天；已满 20 年的，年休假 15 天。国家法定休假日、休息日不计入年休假的假期。

依据《职工带薪年休假条例》第 4 条规定，职工有下列情形之一的，不享受当年的年休假：职工依法享受寒暑假，其休假天数多于年休假天数的；职工请事假累计 20 天以上且单位按照规定不扣工资的；累计工作满 1 年不满 10 年的职工，请病假累计 2 个月以上的；累计工作满 10 年不满 20 年的职工，请病假累计 3 个月以上的；累计工作满 20 年以上的职工，请病假累计 4 个月以上的。

如单位确因工作需要不能安排职工休年休假的，那么经职工本人同意，可以不安排职工休年休假。劳动者可以获得相应补偿，即对职工应休未休的年休假天数，单位应当按照该职工日工资收入的 300% 支付年休假工资报酬。也就是说，每应休未休 1 天，按照本人应休年休假当年日工资收入的 3 倍支付，其中包含工作人员正常工作期间的工资收入。

十三

安全生产法相关知识

223.安全生产工作的基本方针是什么？

《中华人民共和国安全生产法》（以下简称《安全生产法》）规定，安全生产工作应当坚持安全第一、预防为主、综合治理的方针，从源头上防范化解重大安全风险。这一方针是开展安全生产工作总的指导方针，是长期实践的经验总结。

（1）安全第一。在生产经营活动中，在处理保证安全与实现生产经营活动的其他各项目标的关系上，要始终把安全特别是从业人员、其他人员的人身安全放在首要位置，实行"安全优先"的原则。在确保安全的前提下，努力实现生产经营的其他目标。当安全工作与其他活动发生冲突与矛盾时，其他活动要服从安全，绝不能以牺牲人的生命、健康为代价换取发展和效益。安全第一，体现了以人民为中心的发展思想，是预防为主、综合治理的统帅，没有安全第一的思想，预防为主就失去了思想支撑，综合治理就失去了整治依据。

（2）预防为主。预防为主，是安全生产工作的重要任务和价值所在，是实现安全生产的根本途径。预防为主，就是要把预防生产安全事故的发生放在安全生产工作的首位。对安全生产的管理，主要不是在发生事故后去组织抢救，进行事故调查，找原因、追责任、堵漏洞，而是要谋事在先，尊重科学，探索规律，采取有效的事前控制措施，千方百计预防事故的发生，做到防患未然，将事故消灭在萌芽状态。只要思想重视，预防措施得当，绝大部分事故特别是重大事故是可以避免的。坚持预防为主，就要坚持培训教育为主，在提高生产经营单位主要负责人、安全管理人员和从业人员的安全素质上下功夫，最大限度地减少违章指挥、违章作业、违反劳动纪律的现象，努力做到"不伤害自己，不伤害他人，不被他人伤害，保护他人不受伤害"。只有把安全生产的重点放在建立事故隐患预防体系上，超前防范，才能有效避免和减少事故，实现安全第一。

（3）综合治理。将综合治理纳入安全生产工作方针，标志着对安全生产的认识上升到一个新的高度，是贯彻落实新发展理念的具体体现。综合治理，就是要综合运用法律、经济、行政等手段，从发展规划、行业管理、安全投入、科技进步、经济政策、教育培训、安全文化以及责任追究等方面着手，建立安全生产长效机制。综合治理，秉承"安全发展"的理念，从遵循和适应安全生产的规律出发，运用法律、经济、行政等手段，多管齐下，并充分发挥社会、职工、舆论的监督作用，形成标本兼治、齐抓共管的格局。综合治理，是一种新的安全管理模式，它是保证"安全第一、预防为主"的安全管理目标实现的重要手段和方法，只有不断健全和完善综合治理工作机制，才能有效贯彻安全生产方针。

（4）从源头上防范化解重大安全风险。实践一再表明，许多事故的发生，都经历了从无到有、从小到大、从量变到质变的动态发展过程。因此，从以事故处置为主的被动反应模式向以风险预防为主的主动管控模式转变，是一种更经济、更安全、更有效的应急管理策略。具体而言，就是要严格安全生产市场准入，经济社会发展要以安全为前提，严防风险演变、隐患升级导致生产安全事故发生。比如，地方各级政府、有关生产经营单位应当建立完善安全风险评估与论证机制，科学合理确定企业选址和基础设施建设、居民生活区空间布局；高危项目审批必须把安全生产作为前置条件，国土空间规划布局、设计、建设、管理等各项工作必须以安全为前提，建立和实施超前防范的制度措施，实行重大安全风险"一票否决"，通过这些防范措施，最大限度地降低事故发生。

224.安全生产工作的基本原则是什么？

根据《安全生产法》规定，安全生产工作实行管行业必须管安全、管业务必须管安全、管生产经营必须管安全，强化和落实生产经营单位主体责任与政府监管责任。"三个必须"原则，进一步明确了各方面的安全生产责任，健全完善了安全生产综合监管与行业监管相结合的工作机制，有利于加强协作、形成合力，建立比较完善的责任体系。

"三个必须"原则明确了政府部门的安全监管职责。管行业必须管安全，明确了负有安全监管职责的各个部门，要在各自的职责范围内，对所负责行业、领域的安全生产工作实施监督管理。同时，"三个必须"原则也明确了生产经营单位的决策层和管理层的安全管理职责。管业务必须管安全，管生产经营必须管安全，具体到生产经营单位中，就是主要负责人是安全生产的第一责任人，其他负责人都要根据分管的业务，对安全生产工作承担一定的职责，负担一定的责任。在厘清责任、分清界限的同时，"三个必须"原则还要求负有安全监管职责的部门之间要相互配合、齐抓共管、信息共享、资源共用，依法加强安全生产监督管理工作，切实形成监管合力。

225.我国安全生产工作机制是什么？

《安全生产法》规定，安全生产工作要建立生产经营单位负责、职工参与、政府监管、行业自律和社会监督的机制。

（1）生产经营单位负责，就是要求落实生产经营单位的安全生产主体责任，生产经营单位必须严格遵守和执行安全生产法律法规、规章制度与技术标准，依法依规加强安全生产，加大安全投入，健全安全管理机构，加强对从业人员的培训，保持安全设施设备的完好有效。

（2）职工参与，就是通过安全生产教育，提高广大职工的自我保护意识和安全生产意识，职工有权对本单位的安全生产工作提出建议。对本单位安全生产工作中存在的问题，有权提出批评、检举和控告，有权拒绝违章指挥和强令冒险作业。要充分发挥工会、共青团、妇联组织的作用，依法维护和落实生产经营单位职工对安全生产的参与权与监督权，鼓励职工监督举报各类安全隐患，对举报者予以奖励。

（3）政府监管，就是要切实履行监管部门安全生产管理和监督职责。健全完善安全生产综合监管与行业监管相结合的工作机制，强化应急管理部门对安全生产的综合监管，全面落实行业主管部门的专业监管、行业管理和指导职责。各部门要加强协作，形成监管合力，在各级政府统一领导下，严厉打击违法生产、经营等影响安全生产的行为，对拒不执行监管监察指令的生产经营单位，要依法依规从重处罚。

（4）行业自律，主要是指行业协会等行业组织要自我约束，一方面各个行业要遵守国家法律、法规和政策，另一方面行业组织要通过行规行约制约本行业生产经营单位的行为。通过行业间的自律，促使相当一部分生产经营单位能从自身安全生产的需要和保护从业人员生命健康的角度出发，自觉开展安全生产工作，切实履行生产经营单位的法定职责和社会责任。

（5）社会监督，就是要充分发挥社会监督的作用，任何单位和个人有权对违反安全生产的行为进行检举和控告。要发挥新闻媒体的舆论监督作用。有关部门和地方要进一步畅通安全生产的社会监督渠道，通过设立举报电话等形式，接受人民群众的公开监督。

226.生产经营单位在安全生产方面的基本职责是什么？

《安全生产法》规定，生产经营单位必须遵守本法和其他有关安全生产的法律、法规，加强安全生产管理，建立健全全员安全生产责任制和安全生产规章制度，加大对安全生产资金、物资、技术、人员的投入保障力度，改善安全生产条件，加强安全生产标准化、信息化建设，构建安全风险分级管控和隐患排查治理双重预防机制，健全风险防范化解机制，提高安全生产水平，确保安全生产。

平台经济等新兴行业、领域的生产经营单位应当根据本行业、领域的特点，建立健全并落实全员安全生产责任制，加强从业人员安全生产教育和培训，履行本法和其他法律、法规规定的有关安全生产义务。

生产经营单位的主要负责人是本单位安全生产第一责任人，对本单位的安全生产工作全面负责。其他负责人对职责范围内的安全生产工作负责。

227.生产经营单位的主要负责人对本单位安全生产工作负有哪些职责？

生产经营单位的主要负责人对本单位安全生产工作负有下列职责：

（1）建立健全并落实本单位全员安全生产责任制，加强安全生产标准化建设；

（2）组织制订并实施本单位安全生产规章制度和操作规程；

（3）组织制订并实施本单位安全生产教育和培训计划；

（4）保证本单位安全生产投入的有效实施；

（5）组织建立并落实安全风险分级管控和隐患排查治理双重预防

工作机制，督促、检查本单位的安全生产工作，及时消除生产安全事故隐患；

（6）组织制订并实施本单位的生产安全事故应急救援预案；

（7）及时、如实报告生产安全事故。

228.从业人员的安全生产权利和义务有哪些？

从业人员在安全生产方面的权利主要如下。

（1）生产经营单位与从业人员订立的劳动合同，应当载明有关保障从业人员劳动安全、防止职业危害的事项，以及依法为从业人员办理工伤保险的事项。生产经营单位不得以任何形式与从业人员订立协议，免除或者减轻其对从业人员因生产安全事故伤亡依法应承担的责任。

（2）生产经营单位的从业人员有权了解其作业场所和工作岗位存在的危险因素、防范措施及事故应急措施，有权对本单位的安全生产工作提出建议。

（3）从业人员有权对本单位安全生产工作中存在的问题提出批评、检举、控告；有权拒绝违章指挥和强令冒险作业。生产经营单位不得因从业人员对本单位安全生产工作提出批评、检举、控告或者拒绝违章指挥、强令冒险作业而降低其工资、福利等待遇或者解除与其订立的劳动合同。

（4）从业人员发现直接危及人身安全的紧急情况时，有权停止作业或者在采取可能的应急措施后撤离作业场所。生产经营单位不得因从业人员在上述紧急情况下停止作业或者采取紧急撤离措施而降低其工资、福利等待遇或者解除与其订立的劳动合同。

（5）生产经营单位发生生产安全事故后，应当及时采取措施救治有关人员。因生产安全事故受到损害的从业人员，除依法享有工伤保险外，依照有关民事法律尚有获得赔偿的权利的，有权提出赔偿要求。

从业人员的安全生产义务主要如下。

（1）从业人员在作业过程中，应当严格落实岗位安全责任，遵守本单位的安全生产规章制度和操作规程，服从管理，正确佩戴和使用劳动防护用品。

（2）从业人员应当接受安全生产教育和培训，掌握本职工作所需的安全生产知识，提高安全生产技能，增强事故预防和应急处理能力。

（3）从业人员发现事故隐患或者其他不安全因素，应当立即向现场安全生产管理人员或者本单位负责人报告；接到报告的人员应当及时予以处理。

229.工会在安全生产方面的主要职责是什么？

《安全生产法》规定，工会依法对安全生产工作进行监督。生产经营单位的工会依法组织职工参加本单位安全生产工作的民主管理和民主监督，维护职工在安全生产方面的合法权益。生产经营单位制定或者修改有关安全生产的规章制度，应当听取工会的意见。

工会有权对建设项目的安全设施与主体工程同时设计、同时施工、同时投入生产和使用进行监督，提出意见。

工会对生产经营单位违反安全生产法律、法规，侵犯从业人员合法权益的行为，有权要求纠正；发现生产经营单位违章指挥、强令冒险作业或者发现事故隐患时，有权提出解决的建议，生产经营单位应当及时研究答复；发现危及从业人员生命安全的情况时，有权向生产经营单位建议组织从业人员撤离危险场所，生产经营单位必须立即作出处理。

工会有权依法参加事故调查，向有关部门提出处理意见，并要求追究有关人员的责任。

十四

职业病防治法相关知识

230.什么是职业病防治法？

职业病是指企业、事业单位和个体经济组织的劳动者在职业活动中，因接触粉尘、放射性物质和其他有毒、有害物质等因素而引起的疾病。构成法定的职业病，必须具备 4 个要件：一是患病主体必须是企业、事业单位或者个体经济组织的劳动者；二是必须是在从事职业活动的过程中产生的；三是必须是因接触粉尘、放射性物质和其他有毒、有害物质等职业病危害因素而引起的，其中放射性物质是指放射性同位素或射线装置发出的 α 射线、β 射线、γ 射线、χ 射线、中子射线等电离辐射；四是必须是国家公布的职业病分类和目录所列的职业病。我国法定职业病主要有尘肺病、职业性放射性疾病、职业中毒、物理因素所致职业病、生物因素所致职业病、职业性皮肤病、职业性眼病、职业性耳鼻喉口腔疾病、职业性肿瘤和其他职业病 10 大类。

职业病防治法是国家为预防、控制和消除职业病危害，防治职业病，保护劳动者健康及其相关权益，促进经济发展而制定的法律。

《中华人民共和国职业病防治法》（以下简称《职业病防治法》）于 2001 年 10 月 27 日第九届全国人民代表大会常务委员会第二十四次会议通过，根据 2011 年 12 月 31 日第十一届全国人民代表大会常务委员会第二十四次会议《关于修改〈中华人民共和国职业病防治法〉的决定》第 1 次修正，根据 2016 年 7 月 2 日第十二届全国人民代表大会常务委员会第二十一次会议《关于修改〈中华人民共和国节约能源法〉等六部法律的决定》第 2 次修正，根据 2017 年 11 月 4 日第十二届全国人民代表大会常务委员会第三十次会议《关于修改〈中华人民共和国会计法〉等十一部法律的决定》第 3 次修正。2018 年 12 月 29 日，第十三届全国人民代表大会常务委员会第七次会议通过"关于修改《中华人民共和国劳动法》等 7 部法律的规定"，对《中华人民共和国职业病防治法》作出第 4 次修正。

231. 我国职业病防治工作的方针和机制是什么？

《职业病防治法》规定，职业病防治工作坚持预防为主、防治结合的方针。

（1）预防为主

预防为主，就是在整个职业病防治过程中，要把预防措施作为根本措施和首要环节放在先导地位，控制职业病危害源头，并在一切职业活动中尽可能控制和消除职业病危害因素的产生，使工作场所职业卫生防护符合国家职业卫生标准和卫生要求。

（2）防治结合

职业病防治工作坚持预防为主、防治结合的方针，必须正确处理"防"与"治"的关系，既不能轻"防"重"治"，不"防"只"治"，更不允许采取临时工、轮换工、季节工等用工形式或者其他手段逃避不"防"不"治"的法律责任，也不能只防不治，或者轻视对职业病危害的治理或者对劳动者职业病的检查诊断与治疗康复；不能把"防"与"治"对立起来或者相互分离。

根据《职业病防治法》规定，职业病防治工作建立用人单位负责、行政机关监管、行业自律、职工参与和社会监督的机制。

（1）用人单位负责。职业活动是以用人单位为基础进行的，职业活动中产生的职业病危害因素是用人单位所能控制的。因此，用人单位是职业病防治的主体，应认真落实预防、控制措施，加强职业健康管理和职业病人救治，规范用工行为等主体责任。《职业病防治法》规定："用人单位的主要负责人对本单位的职业病防治工作全面负责。"

（2）行政部门监管。职业卫生监督管理部门应按照职责分工，依法履行职业卫生监管职责。

（3）行业自律。通过行业规范约束行业内的企业行为，促使企业从自身健康发展的需求和保护劳动者健康的角度出发，自觉开展职业病防治工作。

（4）职工参与。职工对违反职业病防治法律、法规以及危及生命健康的行为有权提出批评、检举和控告。《职业病防治法》规定："工会组织依法对职业病防治工作进行监督，维护劳动者的合法权益。用人单位制定或者修改有关职业病防治的规章制度，应当听取工会组织的意见。"

（5）社会监督。任何单位和个人有权对违反《职业病防治法》的行为进行检举和控告。

232.用人单位在职业病防治工作方面的基本职责是什么？

用人单位应当为劳动者创造符合国家职业卫生标准和卫生要求的工作环境和条件，并采取措施保障劳动者获得职业卫生保护。

用人单位应当建立、健全职业病防治责任制，加强对职业病防治的管理，提高职业病防治水平，对本单位产生的职业病危害承担责任。

用人单位的主要负责人对本单位的职业病防治工作全面负责。

用人单位必须依法参加工伤保险。

233.工作场所的职业卫生要求是什么？

《职业病防治法》规定，产生职业病危害的用人单位的设立除应当符合法律、行政法规规定的设立条件外，其工作场所还应当符合下列职业卫生要求：

（1）职业病危害因素的强度或者浓度符合国家职业卫生标准；

（2）有与职业病危害防护相适应的设施；

（3）生产布局合理，符合有害与无害作业分开的原则；

（4）有配套的更衣间、洗浴间、孕妇休息间等卫生设施；

（5）设备、工具、用具等设施符合保护劳动者生理、心理健康的要求；

（6）法律、行政法规和国务院卫生行政部门、安全生产监督管理部门关于保护劳动者健康的其他要求。

234.用人单位应当采取哪些职业病防治管理措施？

（1）设置或者指定职业卫生管理机构或者组织，配备专职或者兼职的职业卫生管理人员，负责本单位的职业病防治工作；

（2）制定职业病防治计划和实施方案；

（3）建立、健全职业卫生管理制度和操作规程；

（4）建立、健全职业卫生档案和劳动者健康监护档案；

（5）建立、健全工作场所职业病危害因素监测及评价制度；

（6）建立、健全职业病危害事故应急救援预案。

235.劳动者可以选择哪些医疗卫生机构进行职业病诊断？

根据《职业病防治法》规定，劳动者可以选择进行职业病诊断的医疗卫生机构主要包括以下两类：

一是用人单位所在地的职业病诊断机构；

二是劳动者本人户籍所在地或者经常居住地的职业病诊断机构。

职业病诊断机构的职责主要如下：

（1）在批准的职业病诊断项目范围内开展职业病诊断；

（2）报告职业病；

（3）报告职业病诊断工作情况；

（4）承担《职业病防治法》中规定的其他职责。

236.职业病诊断需要哪些资料？

职业病诊断需要以下资料：

（1）劳动者职业史和职业病危害接触史（包括在岗时间、工种、岗位、接触的职业病危害因素名称等）；

（2）劳动者职业健康检查结果；

（3）工作场所职业病危害因素检测结果；

（4）职业性放射性疾病诊断还需要个人剂量监测档案等资料；

（5）与诊断有关的其他资料。

237.职业病病人可以享受哪些待遇？

《职业病范围和职业病患者处理办法的规定》中规定：职业病的诊断应按《职业病诊断管理办法》及其有关规定执行。凡被确诊患有职业病的劳动者，职业病诊断机构应发给《职业病诊断证书》，享有国家规定的工伤保险待遇或职业病待遇。职业病待遇主要包括如下。

（1）按照《职业病防治法》的规定，被确诊的职业病病人依法享受国家规定的职业病待遇。用人单位应当按照国家有关规定，安排职业病病人进行治疗、康复和定期检查。用人单位对不适宜继续从事原工作的职业病病人，应当调离原岗位，并妥善安置。用人单位对从事接触职业病危害的作业的劳动者，应当给予适当岗位津贴。职业病病人的诊疗、康复费用，伤残以及丧失劳动能力的职业病病人的社会保障，按照国家有关工伤社会保险的规定执行。

（2）职业病病人除依法享有工伤社会保险外，依照有关民事法律，尚有获得赔偿的权利的，有权向用人单位提出赔偿要求。劳动者被诊断患有职业病，但用人单位没有依法参加工伤社会保险的，其医疗和生活保障由最后的用人单位承担；最后的用人单位有证据证明该职业病是先前用人单位的职业病危害造成的，由先前的用人单位承担。

（3）职业病病人变动工作单位，其依法享有的待遇不变。用人单位发生分立、合并、解散、破产等情形的，应当对从事接触职业病危害的作业的劳动者进行健康检查，并按照国家有关规定妥善安置职业病病人。

（4）职工被确诊患有职业病后，其所在单位应根据职业病诊断机构（诊断组）的意见，安排其医治或疗养。在医疗或疗养后被确认不宜继续从事原有害作业或工作的，应在确认之日起的两个月内将其调离原工作岗位，另行安排工作；对于因工作需要暂不能调离的生产、工作的技术骨干，调离期限最长不得超过半年。除非劳动合同期满或劳动者提出，一般不得解除或终止职业病人的劳动合同，应妥善安置职业病人。1到4级绝对不能解除，5到10级解除合同的情形有，一是劳动合同期满，二是劳动者自行提出，三是严重违反企业相关制度或犯罪等情形。

238.《职业病防治法》对职业健康检查有什么规定？

对从事接触职业病危害的作业的劳动者，用人单位应当按照国务院卫生行政部门的规定组织上岗前、在岗期间和离岗时的职业健康检查，并将检查结果书面告知劳动者。职业健康检查费用由用人单位承担。

用人单位不得安排未经上岗前职业健康检查的劳动者从事接触职业病危害的作业；不得安排有职业禁忌的劳动者从事其所禁忌的作业；对在职业健康检查中发现有与所从事的职业相关的健康损害的劳动者，应当调离原工作岗位，并妥善安置；对未进行离岗前职业健康检查的劳动者不得解除或者终止与其订立的劳动合同。

职业健康检查应当由取得《医疗机构执业许可证》的医疗卫生机构承担。卫生行政部门应当加强对职业健康检查工作的规范管理，具体管理办法由国务院卫生行政部门制定。

239.《职业病防治法》对职业健康监护档案有什么规定？

用人单位应当为劳动者建立职业健康监护档案，并按照规定的期限妥善保存。

职业健康监护档案应当包括劳动者的职业史、职业病危害接触史、职业健康检查结果和职业病诊疗等有关个人健康资料。

劳动者离开用人单位时，有权索取本人职业健康监护档案复印件，用人单位应当如实、无偿提供，并在所提供的复印件上签章。

十五

女职工劳动保护特别规定相关知识

240.女职工在怀孕期间用人单位可以解除劳动合同吗？

不可以。根据《女职工劳动保护特别规定》，用人单位不得因女职工怀孕、生育、哺乳而降低其工资、予以辞退、与其解除劳动或者聘用合同。

241.劳动合同中可以规定限制女职工结婚、生育的内容吗？

不可以。用人单位在录（聘）用女职工时，应当依法与其签订劳动（聘用）合同或者服务协议。劳动（聘用）合同或者服务协议中应当具备女职工特殊保护条款，并不得规定限制女职工结婚、生育的内容。

242.为了保护女职工身心健康及下一代的健康成长，用人单位不得安排女职工从事哪方面的工作？

根据《女职工劳动保护特别规定》，用人单位不得安排女职工从事的工作有：（1）矿山井下作业；（2）体力劳动强度分级标准中规定的第4级体力劳动强度的作业；（3）每小时负重6次以上、每次负重超过20公斤的作业，或者间断负重、每次负重超过25公斤的作业。

243.用人单位不得安排女职工在经期从事哪些劳动？

用人单位不得安排女职工在经期从事下列劳动。

（1）冷水作业分级标准中规定的第 2 级、第 3 级、第 4 级冷水作业。

国家冷水作业分级（GB/T14439）规定，操作人员接触冷水（属于身体如手脚等局部受冷作业）温度等于或小于 12℃的作业，为冷水作业。

（2）低温作业分级标准中规定的第 2 级、第 3 级、第 4 级低温作业。

按照国家低温职业分级（GB/T4440）的规定，工作环境平均气温等于或低于 5℃的作业，即属于低温职业。例如各类冷冻冷藏作业、寒冷季节野外（户外）作业等属于全身性受冷的作业。低温作业享受劳动保护待遇。

（3）体力劳动强度分级标准中规定的第 3 级、第 4 级体力劳动强度的作业。

第 3 级、第 4 级体力劳动强度的作业是指国家标准《体力劳动强度分级》（BG3869-83）中规定的第 3 级、第 4 级的体力劳动强度作业。

（4）高处作业分级标准中规定的第 3 级、第 4 级高处作业。

高处作业是指人在一定位置为基准的高处进行的作业。国家标准（GB3608-93）《高处作业分级》规定："凡在坠落高度基准面 2m 以上（含 2m）有可能坠落的高处进行作业，都称为高处作业。"

244.女职工在孕期禁忌从事的劳动范围是什么？

（1）作业场所空气中铅及其化合物、汞及其化合物、苯、镉、铍、砷、氰化物、氮氧化物、一氧化碳、二硫化碳、氯、己内酰胺、氯丁二烯、氯乙烯、环氧乙烷、苯胺、甲醛等有毒物质浓度超过国家职业卫生标准的作业。

（2）从事抗癌药物、己烯雌酚生产，接触麻醉剂气体等的作业。

抗癌药物、己烯雌酚对胚胎有毒性作用，抗癌药可致胚胎发育异常（染色体突变）而导致自然流产率增高。己烯雌酚容易导致儿童期恶性肿瘤（癌症）患病率增高，是国际上公认的人类经胎盘致癌原。也就是说，抗癌药物和己烯雌酚有致突变致癌作用，孕妇不宜接触。

（3）非密封源放射性物质的操作，核事故与放射事故的应急处置。

非密封放射性物质在工业生产方面主要见于核能、核燃料生产、使用与回收；在医药卫生方面主要见于核医学研究、放射性同位素治疗与科学实验室放射性同位素的使用；在农业方面主要见于诸如采用同位素示踪技术等。

（4）高处作业分级标准中规定的高处作业。

（5）冷水作业分级标准中规定的冷水作业。

（6）低温作业分级标准中规定的低温作业。

（7）高温作业分级标准中规定的第3级、第4级的作业。

高温作业系指工作地点有生产性热源，当室外实际出现本地区夏季通风室外计算温度时，工作地点的气温高于室外2℃或2℃以上的作业。高温作业分以下几种类型。①高温、强热辐射作业：如冶金工业的炼焦、炼铁、轧钢等车间；机械制造工业的铸造、锻造、热处理等车间；陶瓷、玻璃、搪瓷、砖瓦等工业的炉窑车间；火力发电厂和轮船的锅炉间等。这些生产场所的气象特点是气温高、热辐射强度大，而相对温度较低，形成干热环境。②高温、高湿作业：其特点是高气温、气湿，而热辐射强度不大。主要是由于生产过程中产生大量水蒸气或生产上要求车间内保持较高的相对湿度所致。例如印染、缫丝、造纸等工业中液体加热或蒸煮时，车间气温可达 35℃ 以上，相对湿度常达 90% 以上。潮湿的深矿井内气温可达 30℃ 以上，相对湿度达 95% 以上。如通风不良就形成高温、高湿和低气流的不良气象条件，亦即湿热环境。③夏季露天作业：夏季的农田劳动、建筑、搬运等露天作业，除受太阳的辐射作用外，还受被加热的地面的周围物体放出的热辐射作用。露天作业中的热辐射强度虽较高温车间为低，但其作用的持续时间较长，加之中午前后气温升高，又形成高温、热辐射的作业环境。

（8）噪声作业分级标准中规定的第三级、第四级的作业。

噪声是指有损听力、有害健康或有其他危害的声音。我国法规规定，职工每天 8 小时或者每周 40 小时接触噪声在 85 分贝以上即是噪声作业。

噪声除对人体听力有影响外，还会影响血压，增加心脏血管疾病的发生概率，也会影响消化功能，导致消化性溃疡，还会造成头疼、头晕、疲劳、情绪困扰、失眠等。而且长期暴露在噪声环境引起的听力受损，目前还没有方法治疗。

（9）体力劳动强度分级标准中规定的第 3 级、第 4 级体力劳动强度的作业。

（10）在密闭空间、高压室作业或者潜水作业，伴有强烈振动的作业，或者需要频繁弯腰、攀高、下蹲的作业。

245.女职工在哺乳期禁止安排从事哪些劳动？

女职工在哺乳期禁忌从事的劳动范围如下。

（1）孕期禁忌从事的劳动范围的第 1 项、第 3 项、第 9 项。

（2）作业场所空气中锰、氟、溴、甲醇、有机磷化合物、有机氯化合物等有毒物质浓度超过国家职业卫生标准的作业。

因为锰、氟、溴、甲醇、有机磷化合物、有机氯化合物等有毒物质可以通过衣物、用具和身体带回家，通过乳汁、皮肤侵入婴儿体内，影响胎儿、婴儿成长发育，所以女职工在哺乳期内禁忌从事此类作业。

246.女职工孕期劳动保护的措施有哪些？

根据《女职工劳动保护特别规定》，女职工在孕期不能适应原劳动的，用人单位应根据医疗机构的证明，予以减轻劳动量或者安排其他能够适应的劳动。

对怀孕 7 个月以上的女职工，用人单位不得延长劳动时间或者安排夜班劳动，并应当在劳动时间内安排一定的休息时间。

怀孕女职工在劳动时间内进行产前检查，所需时间计入劳动时间。

247.关于女职工的生育期保护有哪些规定？

女职工生育享受 98 天产假，其中产前可以休假 15 天；难产的，应增加产假 15 天；生育多胞胎的，每多生育 1 个婴儿，可增加产假 15 天。女职工怀孕未满 4 个月流产的，享受 15 天产假；怀孕满 4 个月流产的，享受 42 天产假。

女职工产假期间的生育津贴，对已经参加生育保险的，按照用人单位上年度职工月平均工资的标准由生育保险基金支付；对未参加生育保险的，按照女职工产假前工资的标准由用人单位支付。

女职工生育或者流产的医疗费用，按照生育保险规定的项目和标准，对已经参加生育保险的，由生育保险基金支付；对未参加生育保险的，由用人单位支付。

248.关于女职工哺乳期的保护措施有哪些？

根据《中华人民共和国女职工劳动保护特别规定》，对哺乳未满 1 周岁婴儿的女职工，用人单位不得延长劳动时间或者安排夜班劳动。

用人单位应当在每天的劳动时间内为哺乳期女职工安排 1 小时哺乳时间；女职工生育多胞胎的，每多哺乳 1 个婴儿每天增加 1 小时哺乳时间。

249.用人单位应当采取哪些措施预防和制止对妇女的性骚扰？

根据《中华人民共和国妇女权益保障法》（以下简称《妇女权益保障法》）规定，用人单位应当采取下列措施预防和制止对妇女的性骚扰：

（1）制定禁止性骚扰的规章制度；

（2）明确负责机构或者人员；

（3）开展预防和制止性骚扰的教育培训活动；

（4）采取必要的安全保卫措施；

（5）设置投诉电话、信箱等，畅通投诉渠道；

（6）建立和完善调查处置程序，及时处置纠纷并保护当事人隐私和个人信息；

（7）支持、协助受害妇女依法维权，必要时为受害妇女提供心理疏导；

（8）其他合理的预防和制止性骚扰措施。

250.用人单位在招录（聘）过程中，不得实施哪些歧视妇女的行为？

《妇女权益保障法》规定，用人单位在招录（聘）过程中，除国家另有规定外，不得实施下列行为：

（1）限定为男性或者规定男性优先；

（2）除个人基本信息外，进一步询问或者调查女性求职者的婚育情况；

（3）将妊娠测试作为入职体检项目；

（4）将限制结婚、生育或者婚姻、生育状况作为录（聘）用条件；

（5）其他以性别为由拒绝录（聘）用妇女或者差别化地提高对妇女录（聘）用标准的行为。

251.《妇女权益保障法》关于女职工特殊劳动保护有什么规定？

《妇女权益保障法》规定：用人单位应当根据妇女的特点，依法保护妇女在工作和劳动时的安全、健康以及休息的权利。妇女在经期、孕期、产期、哺乳期受特殊保护。

用人单位不得因结婚、怀孕、产假、哺乳等情形，降低女职工的工资和福利待遇，限制女职工晋职、晋级、评聘专业技术职称和职务，辞退女职工，单方解除劳动（聘用）合同或者服务协议。

女职工在怀孕以及依法享受产假期间，劳动（聘用）合同或者服务协议期满的，劳动（聘用）合同或者服务协议期限自动延续至产假结束。但是，用人单位依法解除、终止劳动（聘用）合同、服务协议，或者女职工依法要求解除、终止劳动（聘用）合同、服务协议的除外。

用人单位在执行国家退休制度时，不得以性别为由歧视妇女。

252.工会女职工委员会的基本任务是什么？

根据《工会女职工委员会工作条例》规定，工会女职工委员会的基本任务如下。

（1）加强思想政治引领，组织女职工认真学习习近平新时代中国特色社会主义思想，开展理想信念教育，承担团结引导女职工听党话、跟党走的政治责任。教育女职工践行社会主义核心价值观，树立自尊、自信、自主、自强精神，不断提高思想道德素质、科学文化素质、技术技能素质和身心健康素质，建设有理想、有道德、有文化、有纪律的女职工队伍。

（2）按照"五位一体"总体布局和"四个全面"战略布局要求，践行新发展理念，把握为实现中华民族伟大复兴的中国梦而奋斗的工人运动时代主题，弘扬劳模精神、劳动精神、工匠精神，动员和组织广大女职工在改革发展稳定第一线建功立业。

（3）依法维护女职工在政治、经济、文化、社会和家庭等方面的合法权益和特殊利益，同一切歧视、虐待、摧残、迫害女职工的行为作斗争。

（4）参与有关保护女职工权益的法律、法规、规章、政策的制定和完善，监督、协助有关部门贯彻实施。代表和组织女职工依法依规，参加本单位的民主管理和民主监督。参与平等协商、签订集体合同和女职工权益保护等专项集体合同工作，并参与监督执行。指导和帮助女职工与用人单位签订并履行劳动合同。参与涉及女职工特殊利益的劳动关系协调和劳动争议调解，及时反映侵害女职工权益问题，督促和参与侵权案件的调查处理。做好对女职工的关爱服务，加强对困难女职工的帮扶救助。

（5）开展家庭文明建设工作，围绕尊老爱幼、男女平等、夫妻和睦、勤俭持家、邻里团结等内容，充分发挥女职工在弘扬中华民族家庭美德，树立良好家风方面的独特作用。

（6）推动营造有利于女职工全面发展的社会环境，发现、培养、宣传和推荐优秀女性人才，组织开展五一巾帼奖等评选表彰。

（7）会同工会有关部门和社会有关方面共同做好女职工工作。在有关方面研究决定涉及女职工利益问题时，积极提出意见建议。

（8）与国际组织开展交流活动，为促进妇女事业发展作出贡献。

十六

集体合同与民主管理法律规定相关知识

253.签订集体合同应当遵守哪些原则?

集体合同,是指用人单位与本单位职工根据法律、法规、规章的规定,就劳动报酬、工作时间、休息休假、劳动安全卫生、职业培训、保险福利等事项,通过集体协商签订的书面协议;专项集体合同,是指用人单位与本单位职工根据法律、法规、规章的规定,就集体协商的某项内容签订的专项书面协议。

《劳动法》规定:"企业职工一方与企业可以就劳动报酬、工作时间、休息休假、劳动安全卫生、保险福利等事项,签订集体合同。"《劳动合同法》第 51 条规定:"企业职工一方与用人单位通过平等协商,可以就劳动报酬、工作时间、休息休假、劳动安全卫生、保险福利等事项订立集体合同。集体合同草案应当提交职工代表大会或者全体职工讨论通过。集体合同由工会代表企业职工一方与用人单位订立;尚未建立工会的用人单位,由上级工会指导劳动者推举的代表与用人单位订立。"

根据《集体合同规定》,进行集体协商,签订集体合同或专项集体合同,应当遵循下列原则:

(1)遵守法律、法规、规章及国家有关规定;

（2）相互尊重，平等协商；

（3）诚实守信，公平合作；

（4）兼顾双方合法权益；

（5）不得采取过激行为。

254.集体合同包括哪些内容？

集体协商双方可以就下列多项或某项内容进行集体协商，签订集体合同或专项集体合同：

（1）劳动报酬；

（2）工作时间；

（3）休息休假；

（4）劳动安全与卫生；

（5）补充保险和福利；

（6）女职工和未成年工特殊保护；

（7）职业技能培训；

（8）劳动合同管理；

（9）奖惩；

（10）裁员；

（11）集体合同期限；

（12）变更、解除集体合同的程序；

（13）履行集体合同发生争议时的协商处理办法；

（14）违反集体合同的责任；

（15）双方认为应当协商的其他内容。

255.集体协商代表如何产生？

根据《集体合同规定》，集体协商代表，是指按照法定程序产生并有权代表本方利益进行集体协商的人员。集体协商双方的代表人数应当对等，每方至少3人，并各确定1名首席代表。

职工一方的协商代表由本单位工会选派。未建立工会的，由本单位职工民主推荐，并经本单位半数以上职工同意。职工一方的首席代表由本单位工会主席担任。工会主席可以书面委托其他协商代表代理首席代表。工会主席空缺的，首席代表由工会主要负责人担任。未建立工会的，职工一方的首席代表从协商代表中民主推举产生。

用人单位一方的协商代表，由用人单位法定代表人指派，首席代表由单位法定代表人担任或由其书面委托的其他管理人员担任。

256.集体协商代表应当履行哪些职责？

集体协商代表应履行下列职责：

（1）参加集体协商；

（2）接受本方人员质询，及时向本方人员公布协商情况并征求意见；

（3）提供与集体协商有关的情况和资料；

（4）代表本方参加集体协商争议的处理；

（5）监督集体合同或专项集体合同的履行；

（6）法律、法规和规章规定的其他职责。

257.集体协商的基本程序是什么？

集体协商的基本程序如下。

（1）提出集体协商要求。集体协商任何一方均可就签订集体合同或专项集体合同以及相关事宜，以书面形式向对方提出进行集体协商的要求。一方提出进行集体协商要求的，另一方应当在收到集体协商要求之日起 20 日内以书面形式给予回应，无正当理由不得拒绝进行集体协商。

（2）准备工作。协商代表在协商前应进行下列准备工作：①熟悉与集体协商内容有关的法律、法规、规章和制度；②了解与集体协商内容有关的情况和资料，收集用人单位和职工对协商意向所持的意见；③拟定集体协商议题，集体协商议题可由提出协商一方起草，也可由双方指派代表共同起草；④确定集体协商的时间、地点等事项；⑤共同确定 1 名非协商代表担任集体协商记录员。记录员应保持中立、公正，并为集体协商双方保密。

（3）协商。集体协商主要采取集体协商会议的形式进行，集体协商会议由双方首席代表轮流主持。

（4）审议通过。经双方协商代表协商一致的集体合同草案或专项集体合同草案应当提交职工代表大会或全体职工审议通过。

（5）签字。集体合同草案或专项集体合同草案经职工代表大会或职工大会审议通过后，由集体协商双方首席代表签字。

（6）报送、审查、登记。集体合同或专项集体合同签订或变更后，应当自双方首席代表签字之日起 10 日内，由用人单位一方将文本 1 式 3 份报送劳动保障行政部门审查。劳动保障行政部门对报送的集体合同或专项集体合同应当办理登记手续。

（7）生效、公布。劳动保障行政部门自收到文本之日起 15 日内未提出异议的，集体合同或专项集体合同即行生效。生效的集体合同或专项集体合同，应当自其生效之日起由协商代表及时以适当的形式向本方全体人员公布。

258.职工民主管理的形式有哪些？

职工民主管理是社会主义民主的重要组成部分，是贯彻落实全心全意依靠工人阶级方针的根本途径，是构建社会主义和谐社会的基本要求，是维护职工合法权益的有效机制，是推动企事业单位高质量发展的重要保障，是加强企事业单位党风廉政建设的重要措施。

职工民主管理的形式主要有：职工代表大会（或职工大会），厂务公开，职工董事职工监事制度、平等协商与集体合同制度、合理化建议活动、职工持股会等。

259.职工代表的人数及组成比例是如何规定的？

根据《企业民主管理规定》，职工代表大会（或职工大会）是职工行使民主管理权力的机构，是企业民主管理的基本形式。

企业召开职工代表大会的，职工代表人数按照不少于全体职工人数的 5% 确定，最少不少于 30 人。职工代表人数超过 100 人的，超出的代表人数可以由企业与工会协商确定。

职工代表大会的代表由工人、技术人员、管理人员、企业领导人员和其他方面的职工组成。其中，企业中层以上管理人员和领导人员一般不得超过职工代表总人数的 20%。有女职工和劳务派遣职工的企业，职工代表中应当有适当比例的女职工和劳务派遣职工代表。

260.职工代表大会有哪些职权？

根据《企业民主管理规定》，职工代表大会行使下列职权。

（1）听取企业主要负责人关于企业发展规划、年度生产经营管理情况，企业改革和制定重要规章制度情况，企业用工、劳动合同和集体合同签订履行情况，企业安全生产情况，企业缴纳社会保险费和住房公积金情况等报告，提出意见和建议。

审议企业制定、修改或者决定的有关劳动报酬、工作时间、休息休假、劳动安全卫生、保险福利、职工培训、劳动纪律以及劳动定额管理等直接涉及劳动者切身利益的规章制度或者重大事项方案，提出意见和建议。

（2）审议通过集体合同草案，按照国家有关规定提取的职工福利基金使用方案、住房公积金和社会保险费缴纳比例和时间的调整方案，劳动模范的推荐人选等重大事项。

（3）选举或者罢免职工董事、职工监事，选举依法进入破产程序企业的债权人会议和债权人委员会中的职工代表，根据授权推荐或者选举企业经营管理人员。

（4）审查监督企业执行劳动法律法规和劳动规章制度情况，民主评议企业领导人员，并提出奖惩建议。

（5）法律法规规定的其他职权。

国有企业和国有控股企业职工代表大会除按上述规定行使职权外，行使下列职权：

（1）听取和审议企业经营管理主要负责人关于企业投资和重大技术改造、财务预决算、企业业务招待费使用等情况的报告，专业技术职称的评聘、企业公积金的使用、企业的改制等方案，并提出意见和建议；

（2）审议通过企业合并、分立、改制、解散、破产实施方案中职工的裁减、分流和安置方案；

（3）依照法律、行政法规、行政规章规定的其他职权。

261.企业工会委员会作为职工代表大会工作机构，应履行哪些职责？

企业工会委员会是职工代表大会的工作机构，负责职工代表大会的日常工作，履行下列职责：

（1）提出职工代表大会代表选举方案，组织职工选举职工代表和代表团（组）长；

（2）征集职工代表提案，提出职工代表大会议题的建议；

（3）负责职工代表大会会议的筹备和组织工作，提出职工代表大会的议程建议；

（4）提出职工代表大会主席团组成方案和组成人员建议名单，提出专门委员会（小组）的设立方案和组成人员建议名单；

（5）向职工代表大会报告职工代表大会决议的执行情况和职工代表大会提案的办理情况、厂务公开的实行情况等；

（6）在职工代表大会闭会期间，负责组织专门委员会（小组）和职工代表就企业职工代表大会决议的执行情况和职工代表大会提案的办理情况、厂务公开的实行情况等，开展巡视、检查、质询等监督活动；

（7）受理职工代表的申诉和建议，维护职工代表的合法权益；

（8）向职工进行民主管理的宣传教育，组织职工代表开展学习和培训，提高职工代表素质；

（9）建立和管理职工代表大会工作档案。

262.职工代表享有哪些权利、履行哪些义务？

职工代表享有下列权利：

（1）选举权、被选举权和表决权；

（2）参加职工代表大会及其工作机构组织的民主管理活动；

（3）对企业领导人员进行评议和质询；

（4）在职工代表大会闭会期间对企业执行职工代表大会决议情况进行监督、检查。

职工代表应当履行下列义务：

（1）遵守法律法规、企业规章制度，提高自身素质，积极参与企业民主管理；

（2）依法履行职工代表职责，听取职工对企业生产经营管理等方面的意见和建议，以及涉及职工切身利益问题的意见和要求，并客观真实地向企业反映；

（3）参加企业职工代表大会组织的各项活动，执行职工代表大会通过的决议，完成职工代表大会交办的工作；

（4）向选举单位的职工报告参加职工代表大会活动和履行职责情况，接受职工的评议和监督；

（5）保守企业的商业秘密和与知识产权相关的保密事项。

263.厂务公开应当遵守哪些原则？

厂务公开就是把企事业单位重大决策、生产经营管理的重要问题、涉及职工切身利益的问题以及与企事业单位领导班子建设和党风廉政建设密切相关的问题，根据有关法律法规和制度，通过职工代表大会、厂务公开栏等多种形式，向企事业单位广大职工公开，使职工及时了解厂情，更好地参与企事业单位决策、管理和监督。

根据《企业民主管理规定》，企业实行厂务公开应当遵循合法、及时、真实、有利于职工权益维护和企业发展的原则。

264.企业应当向职工公开哪些事项？

企业应当向职工公开下列事项：

（1）经营管理的基本情况；

（2）招用职工及签订劳动合同的情况；

（3）集体合同文本和劳动规章制度的内容；

（4）奖励处罚职工、单方解除劳动合同的情况以及裁员的方案和结果，评选劳动模范和优秀职工的条件、名额和结果；

（5）劳动安全卫生标准、安全事故发生情况及处理结果；

（6）社会保险以及企业年金的缴费情况；

（7）职工教育经费提取、使用和职工培训计划及执行的情况；

（8）劳动争议及处理结果情况；

（9）法律法规规定的其他事项。

国有企业、集体企业及其控股企业除公开上述事项外，还应当公开下列事项：

（1）投资和生产经营管理重大决策方案等重大事项，企业中长期发展规划；

（2）年度生产经营目标及完成情况，企业担保，大额资金使用、大额资产处置情况，工程建设项目的招投标，大宗物资采购供应，产品销售和盈亏情况，承包租赁合同履行情况，内部经济责任制落实情况，重要规章制度制定等重大事项；

（3）职工提薪晋级、工资奖金收入分配情况，专业技术职称的评聘情况；

（4）中层领导人员、重要岗位人员的选聘和任用情况，企业领导人员薪酬、职务消费和兼职情况，以及出国出境费用支出等廉洁自律规定执行情况，职工代表大会民主评议企业领导人员的结果；

（5）依照国家有关规定应当公开的其他事项。

十七

社会保险法相关知识

265.我国社会保险的方针是什么？

社会保险是指国家通过立法，多渠道筹集资金，对由于年老、失业、患病、工伤、生育而暂时或永久丧失劳动能力的劳动者给予经济补偿，保障其基本生活需要的一项社会保障制度。按照我国劳动法的规定，社会保险项目分为养老保险、失业保险、医疗保险、工伤保险和生育保险。社会保险的保障对象是全体劳动者，资金主要来源是用人单位和劳动者个人的缴费，政府给予资助。依法享受社会保险是劳动者的基本权利。

《中华人民共和国社会保险法》（以下简称《社会保险法》）规定，社会保险制度坚持广覆盖、保基本、多层次、可持续的方针，社会保险水平应当与经济社会发展水平相适应。

266.劳动者在社会保险方面的权利和义务有哪些？

权利主要如下。

依法享受社会保险待遇、监督本单位为其缴费情况、免费向社会保险经办机构查询、核对其缴费和享受社会保险待遇记录，要求社会保险经办机构提供社会保险咨询等服务。

义务主要如下。

一是缴费义务。在用人单位工作的劳动者要按照国家社会保险政策规定缴纳基本养老保险费、基本医疗保险费、失业保险费；无雇工的个体工商户、未在用人单位参加基本养老保险的非全日制从业人员以及灵活就业人员自愿参加基本养老保险和职工基本医疗保险的，由个人承担基本养老保险费和基本医疗保险费；农村居民参加新型社会养老保险、新型合作医疗，要承担相应缴费义务；城镇居民参加城镇居民养老保险和城镇居民基本医疗保险，要承担相应缴费义务。二是登记义务。在用人单位工作的劳动者，应当由用人单位到社会保险经办机构为其办理社会保险登记手续；自愿参加社会保险的无雇工的个体工商户、未在用人单位参加基本养老保险的非全日制从业人员以及灵活就业人员，应当由本人到社会保险经办机构申请办理社会保险登记；失业人员应当持本单位为其出具的终止或解除劳动关系证明，及时到指定的公共就业服务机构办理失业登记。

267.基本养老保险费怎样缴纳？

《社会保险法》第 10 条规定："职工应当参加基本养老保险，由用人单位和职工共同缴纳基本养老保险费。"

（1）缴费比例

按照国家现行政策规定，用人单位和个人基本养老保险的缴费比例一般为工资总额的28%。其中，用人单位一般按本单位职工工资总额的20%缴纳（具体比例由省、自治区、直辖市的人民政府确定），个人按本人上年度月平均工资的8%缴纳。

（2）缴费基数

用人单位应当按照本单位全部在职职工工资总额作为缴纳基本养老

保险费基数向社会保险经办机构申报。

职工按照本人缴费工资的8%缴费记入个人账户，缴费工资为本人上一年度月平均工资。这里的"月平均工资"包括工资、奖金、津贴、补贴等收入。职工本人的月平均工资超过当地职工月平均工资300%以上的部分，不计入个人缴费工资基数；职工本人的月平均工资低于当地职工月平均工资60%的，按当地职工月平均工资的60%确定缴费工资基数。

268.关于基本养老保险基金与个人账户是怎样规定的？

基本养老保险实行社会统筹与个人账户相结合。基本养老保险基金由用人单位和个人缴费以及政府补贴等组成。用人单位应当按照国家规定的本单位职工工资总额的比例缴纳基本养老保险费，记入基本养老保险统筹基金。职工应当按照国家规定的本人工资的比例缴纳基本养老保险费，记入个人账户。

国有企业、事业单位职工参加基本养老保险前，视同缴费年限期间应当缴纳的基本养老保险费由政府承担。基本养老保险基金出现支付不足时，政府给予补贴。

个人账户不得提前支取，记账利率不得低于银行定期存款利率，免征利息税。个人死亡的，个人账户余额可以继承。

按月领取基本养老金必须符合两个条件：一是必须达到法定退休年龄；二是参加基本养老保险的个人累计缴费满15年。

269.关于基本养老保险待遇是如何规定的？

职工基本养老金由统筹基金和个人账户养老金组成。基本养老金根据个人累计缴费年限、缴费工资、当地职工平均工资、个人账户金额、城镇人口平均预期寿命等因素确定。

（1）参加职工基本养老保险的个人，达到法定退休年龄时累计缴费满15年的，按月领取基本养老金。

（2）参加职工基本养老保险的个人，因病或者非因工死亡的，其遗属可以领取丧葬补助金和抚恤金；在未达到法定退休年龄时因病或者非因工致残完全丧失劳动能力的，可以领取病残津贴。

（3）参加职工基本养老保险的个人，在达到法定退休年龄前离境定居的，其个人账户予以保留；达到法定退休年龄的，按照国家规定享受相应的养老保险待遇。

（4）参加职工基本养老保险的个人，达到法定退休年龄时累计缴费不足15年的，可以缴费至满15年，按月领取基本养老金；也可以转入新型农村社会养老保险或者城镇居民社会养老保险，按照国务院规定享受相应的养老保险待遇。

（5）参加基本养老保险的个人，因病或者非因工死亡的，其遗属可以领取丧葬补助金和抚恤金；在未达到法定退休年龄时因病或者非因工致残完全丧失劳动能力的，可以领取病残津贴。

270.建立企业年金的条件是什么？

企业年金，也叫企业补充养老保险，是指企业及其职工在依法参加基本养老保险的基础上，依据国家政策和本企业经济状况建立的，旨在提高职工退休后生活水平，对国家基本养老保险进行重要补充的一种养老保险形式。

根据《企业年金试行办法》规定，符合下列条件的企业，可以建立企业年金：

（1）依法参加基本养老保险并履行缴费义务；

（2）具有相应的经济负担能力；

（3）已建立集体协商机制。

271.关于企业年金的缴费、基金、个人账户、领取是如何规定的？

（1）企业年金缴费。

企业年金所需费用由企业和职工个人共同缴纳。企业缴费的列支渠道按国家有关规定执行；职工个人缴费可以由企业从职工个人工资中代扣。企业缴费每年不超过本企业上年度职工工资总额的 1/12。企业和职工个人缴费合计一般不超过本企业上年度职工工资总额的 1/6。

（2）企业年金基金。

企业年金基金由下列各项组成：企业缴费；职工个人缴费；企业年金基金投资运营收益。

企业年金基金实行完全积累，采用个人账户方式进行管理。企业年金基金可以按照国家规定投资运营。企业年金基金投资运营收益并入企业年金基金。

（3）企业年金个人账户。

企业缴费应当按照企业年金方案规定比例计算的数额计入职工企业年金个人账户；职工个人缴费额计入本人企业年金个人账户。企业年金基金投资运营收益，按净收益率计入企业年金个人账户。

（4）企业年金领取。

职工在达到国家规定的退休年龄时，可以从本人企业年金个人账户中一次或定期领取企业年金。职工未达到国家规定的退休年龄的，不得从个人账户中提前提取资金。出境定居人员的企业年金个人账户资金，可根据本人要求一次性支付给本人。

职工变动工作单位时，企业年金个人账户资金可以随同转移。职工升学、参军、失业期间或新就业单位没有实行企业年金制度的，其企业年金个人账户可由原管理机构继续管理。

职工或退休人员死亡后，其企业年金个人账户余额由其指定的受益人或法定继承人一次性领取。

272.职业年金怎样缴费？如何领取？

职业年金，是指机关事业单位及其工作人员在参加机关事业单位基本养老保险的基础上，建立的补充养老保险制度。建立职业年金制度，有利于推动社会保险制度改革，有利于机关事业单位退休人员的收入稳定化和来源多元化，有利于调动机关事业单位工作人员的积极性、主动性。

职业年金所需费用由单位和工作人员个人共同承担。单位缴纳职业年金费用的比例为本单位工资总额的 8%，个人缴费比例为本人缴费工资的 4%，由单位代扣。单位和个人缴费基数与机关事业单位工作人员基本养老保险缴费基数一致。根据经济社会发展状况，国家适时调整单位和个人职业年金缴费的比例。

符合下列条件之一的可以领取职业年金。

（1）工作人员在达到国家规定的退休条件并依法办理退休手续后，由本人选择按月领取职业年金待遇的方式。可一次性用于购买商业养老保险产品，依据保险契约领取待遇并享受相应的继承权；可选择按照本人退休时对应的计发月数计发职业年金月待遇标准，发完为止，同时职业年金个人账户余额享有继承权。本人选择任一领取方式后不再更改。

（2）出国（境）定居人员的职业年金个人账户资金，可根据本人要求一次性支付给本人。

（3）工作人员在职期间死亡的，其职业年金个人账户余额可以继承。

未达到上述职业年金领取条件之一的，不得从个人账户中提前提取资金。

273.职工基本医疗保险费如何缴纳？

《社会保险法》第 23 条规定："职工应当参加职工基本医疗保险，由用人单位和职工按照国家规定共同缴纳基本医疗保险费。"根据国家现行政策规定，用人单位缴费费率控制在职工工资总额的 6% 左右，职工缴费一般为本人工资收入的 2%。

参加职工基本医疗保险的个人，达到法定退休年龄时累计缴费达到国家规定年限的，退休后不再缴纳基本医疗保险费，按照国家规定享受基本医疗保险待遇；未达到国家规定年限的，可以缴费至国家规定年限。

2017 年国务院办公厅印发了《生育保险和职工基本医疗保险合并实施试点方案》，在河北省邯郸市等 12 个城市开展生育保险与职工基本医疗保险合并实施试点。2019 年 3 月 25 日，国务院办公厅发布了《国务院办公厅关于全面推进生育保险和职工基本医疗保险合并实施的意见》，明确生育保险基金并入职工基本医疗保险基金，统一征缴，统筹层次一致。而且合并要在 2019 年年底前实施。

274.基本医疗保险统筹基金和个人账户怎样组成？有什么规定？

基本医疗保险统筹基金是用人单位缴纳的基本医疗保险费，在扣除划入个人账户部分后剩余的资金及其利息收入即为基本医疗保险统筹基金。设立基本医疗保险统筹基金，是为了通过一定区域范围内社会群体间的互助共济来分担疾病风险，解决职工患大病时的医疗费用，以体现社会公平的原则，有利于减轻企业的社会负担。

符合基本医疗保险药品目录、诊疗项目、医疗服务设施标准以及急诊、抢救的医疗费用，按照国家规定从基本医疗保险基金中支付。

个人账户：职工个人缴纳的基本医疗保险费，全部计入个人账户。用人单位缴纳的基本医疗保险费分为两部分：一部分用于建立统筹基金，一部分划入个人账户。划入个人账户的比例一般为用人单位缴费的30%左右，具体比例由统筹地区根据个人账户的支付范围和职工年龄结构等因素确定。职工年龄越大，划入个人账户的比例越高。

职工个人医疗保险账户的本金和利息均归职工个人所有，可以结转使用和继承。因此，参加基本医疗保险的职工死亡后，其个人医疗账户仍有余额的，可作为遗产，由其亲属按《中华人民共和国继承法》规定实施继承。

统筹基金和个人账户要划定各自的支付范围，分别核算，分开管理使用，不得互相挤占。

275.哪些医疗费用不纳入基本医疗保险基金支付范围?

根据《社会保险法》规定，下列医疗费用不纳入基本医疗保险基金支付范围：

（1）应当从工伤保险基金中支付的；

（2）应当由第三人负担的；

（3）应当由公共卫生负担的；

（4）在境外就医的。

医疗费用依法应当由第三人负担，第三人不支付或者无法确定第三人的，由基本医疗保险基金先行支付。基本医疗保险基金先行支付后，有权向第三人追偿。

276.工伤保险费怎样缴纳？

根据《社会保险法》规定，职工应当参加工伤保险，由用人单位缴纳工伤保险费，职工不缴纳工伤保险费。

国家根据不同行业的工伤风险程度确定行业的差别费率，并根据使用工伤保险基金、工伤发生率等情况在每个行业内确定费率档次。行业差别费率和行业内费率档次由国务院社会保险行政部门制定，报国务院批准后公布施行。

社会保险经办机构根据用人单位使用工伤保险基金、工伤发生率和所属行业费率档次等情况，确定用人单位缴费费率。

用人单位应当按照本单位职工工资总额，根据社会保险经办机构确定的费率缴纳工伤保险费。

根据《关于调整工伤保险费率政策的通知》（人社部发〔2015〕71号），不同工伤风险类别的行业执行不同的工伤保险行业基准费率。各行业工伤风险类别对应的全国工伤保险行业基准费率为，一类至八类分别控制在该行业用人单位职工工资总额的 0.2%、0.4%、0.7%、0.9%、1.1%、1.3%、1.6%、1.9%左右。

277.工伤应当怎样认定？

工伤是指职工在工作过程中因工作原因受到事故伤害或者患职业病。根据《工伤保险条例》第 14 条的规定，职工有下列情形之一的，应当认定为工伤：

（1）在工作时间和工作场所内，因工作原因受到事故伤害的；

（2）工作时间前后在工作场所内，从事与工作有关的预备性或者收尾性工作受到事故伤害的；

（3）在工作时间和工作场所内，因履行工作职责受到暴力等意外伤害的；

（4）患职业病的；

（5）因工外出期间，由于工作原因受到伤害或者发生事故下落不明的；

（6）在上下班途中，受到非本人主要责任的交通事故或者城市轨道交通、客运轮渡、火车事故伤害的；

（7）法律、行政法规规定应当认定为工伤的其他情形。

职工有下列情形之一的，视同工伤：

（1）在工作时间和工作岗位，突发疾病死亡或者在 48 小时之内经抢救无效死亡的；

（2）在抢险救灾等维护国家利益、公共利益活动中受到伤害的；

（3）职工原在军队服役，因战、因公负伤致残，已取得革命伤残军人证，到用人单位后旧伤复发的。

职工因下列情形之一导致本人在工作中伤亡的，不得认定为工伤：

（1）故意犯罪；

（2）醉酒或者吸毒；

（3）自残或者自杀；

（4）法律、行政法规规定的其他情形。

278.职工因工受伤或者患职业病，如何进行工伤认定？

（1）提出申请。

职工发生事故伤害或者按照职业病防治法规定被诊断、鉴定为职业病，所在单位应当自事故伤害发生之日或者被诊断、鉴定为职业病之日起 30 日内，向统筹地区社会保险行政部门提出工伤认定申请。遇有特殊情况，经报社会保险行政部门同意，申请时限可以适当延长。

用人单位未按前款规定提出工伤认定申请的，工伤职工或者其近亲属、工会组织在事故伤害发生之日或者被诊断、鉴定为职业病之日起 1 年内，可以直接向用人单位所在地统筹地区社会保险行政部门提出工伤认定申请。

（2）提交材料。

提出工伤认定申请应当提交下列材料：

①工伤认定申请表；

②与用人单位存在劳动关系（包括事实劳动关系）的证明材料；

③医疗诊断证明或者职业病诊断证明书（或者职业病诊断鉴定书）。

工伤认定申请表应当包括事故发生的时间、地点、原因以及职工伤害程度等基本情况。

（3）工伤认定的决定。

社会保险行政部门受理工伤认定申请后，根据审核需要可以对事故伤害进行调查核实，用人单位、职工、工会组织、医疗机构以及有关部门应当予以协助。职业病诊断和诊断争议的鉴定，依照职业病防治法的有关规定执行。对依法取得职业病诊断证明书或者职业病诊断鉴定书的，社会保险行政部门不再进行调查核实。

职工或者其近亲属认为是工伤，用人单位不认为是工伤的，由用人单位承担举证责任。

社会保险行政部门应当自受理工伤认定申请之日起 60 日内作出工伤认定的决定，并书面通知申请工伤认定的职工或者其近亲属和该职工所在单位。

社会保险行政部门对受理的事实清楚、权利义务明确的工伤认定申请，应当在 15 日内作出工伤认定的决定。

279.什么是劳动能力鉴定？劳动功能障碍分几个等级？

劳动能力鉴定是指劳动功能障碍程度和生活自理障碍程度的等级鉴定。

劳动功能障碍分为 10 个伤残等级，最重的为 1 级，最轻的为 10 级。

生活自理障碍分为 3 个等级：生活完全不能自理、生活大部分不能自理和生活部分不能自理。

劳动能力鉴定标准由国务院社会保险行政部门会同国务院卫生行政部门等部门制定。

劳动能力鉴定由用人单位、工伤职工或者其近亲属向设区的市级劳动能力鉴定委员会提出申请，并提供工伤认定决定和职工工伤医疗的有关资料。

280.职工因工伤发生的哪些费用，应按照国家规定从工伤保险基金中支付？

根据《社会保险法》规定，因工伤发生的下列费用，按照国家规定从工伤保险基金中支付：

（1）治疗工伤的医疗费用和康复费用；

（2）住院伙食补助费；

（3）到统筹地区以外就医的交通食宿费；

（4）安装配置伤残辅助器具所需费用；

（5）生活不能自理的，经劳动能力鉴定委员会确认的生活护理费；

（6）一次性伤残补助金和 1 至 4 级伤残职工按月领取的伤残津贴；

（7）终止或者解除劳动合同时，应当享受的一次性医疗补助金；

（8）因工死亡的，其遗属领取的丧葬补助金、供养亲属抚恤金和因工死亡补助金；

（9）劳动能力鉴定费。

281.职工因工伤发生的哪些费用，应按照国家规定由用人单位支付？

因工伤发生的下列费用，按照国家规定由用人单位支付：

（1）治疗工伤期间的工资福利；

（2）5级、6级伤残职工按月领取的伤残津贴；

（3）终止或者解除劳动合同时，应当享受的一次性伤残就业补助金。

282.关于职工因工死亡的补助是如何规定的？

职工因工死亡，其近亲属按照下列规定从工伤保险基金领取丧葬补助金、供养亲属抚恤金和一次性工亡补助金。

（1）丧葬补助金为6个月的统筹地区上年度职工月平均工资。

（2）供养亲属抚恤金按照职工本人工资的一定比例发给由因工死亡职工生前提供主要生活来源、无劳动能力的亲属。标准为：配偶每月40%，其他亲属每人每月30%，孤寡老人或者孤儿每人每月在上述标准的基础上增加10%。核定的各供养亲属的抚恤金之和不应高于因工死亡职工生前的工资。供养亲属的具体范围由国务院社会保险行政部门规定。

（3）一次性工亡补助金标准为上一年度全国城镇居民人均可支配收入的20倍。

283.失业保险的缴费比例是多少？

《社会保险法》第 44 条规定："职工应当参加失业保险，由用人单位和职工按照国家规定共同缴纳失业保险费。"《失业保险条例》规定，城镇企业事业单位按照本单位工资总额的 2% 缴纳失业保险费，城镇企业事业单位职工按照本人工资的 1% 缴纳失业保险费，合计为 3%。人社部、财政部印发的《关于调整失业保险费率有关问题的通知》提出，将失业保险费率暂由现行条例规定的 3% 降至 2%，单位和个人缴费的具体比例由各省区市政府确定，省区市行政区域内单位和职工的费率应当统一。

284.关于失业人员领取失业保险金的条件、期限、标准是如何规定的？

失业人员符合下列条件的，从失业保险基金中领取失业保险金：

（1）失业前用人单位和本人已经缴纳失业保险费满 1 年的；

（2）非因本人意愿中断就业的；

（3）已经进行失业登记，并有求职要求的。

失业人员失业前用人单位和本人累计缴费满 1 年不足 5 年的，领取失业保险金的期限最长为 12 个月；累计缴费满 5 年不足 10 年的，领取失业保险金的期限最长为 18 个月；累计缴费 10 年以上的，领取失业保险金的期限最长为 24 个月。重新就业后，再次失业的，缴费时间重新计算，领取失业保险金的期限与前次失业应当领取而尚未领取的失业保险金的期限合并计算，最长不超过 24 个月。

失业保险金的标准，由省、自治区、直辖市人民政府确定，不得低于城市居民最低生活保障标准。

失业人员在领取失业保险金期间有下列情形之一的，停止领取失业保险金，并同时停止享受其他失业保险待遇：

（1）重新就业的；

（2）应征服兵役的；

（3）移居境外的；

（4）享受基本养老保险待遇的；

（5）无正当理由，拒不接受当地人民政府指定部门或者机构介绍的适当工作或者提供的培训的。

285.生育保险费怎样缴纳？生育保险待遇包括哪些？

《社会保险法》第53条规定："职工应当参加生育保险，由用人单位按照国家规定缴纳生育保险费，职工不缴纳生育保险费。"生育保险根据"以支定收，收支基本平衡"的原则筹集资金，由企业按照其工资总额的一定比例向社会保险经办机构缴纳生育保险费，建立生育保险基金。生育保险费的提取比例由当地人民政府根据计划内生育人数和生育津贴、生育医疗费等项费用确定，并可根据费用支出情况适时调整，但最高不得超过工资总额的1%。现已下调至0.5%。

根据《社会保险法》规定，生育保险待遇包括生育医疗费用和生育津贴。

生育医疗费用包括下列各项：

（1）生育的医疗费用；

（2）计划生育的医疗费用；

（3）法律、法规规定的其他项目费用。

职工有下列情形之一的，可以按照国家规定享受生育津贴：

（1）女职工生育享受产假；

（2）享受计划生育手术休假；

（3）法律、法规规定的其他情形。

生育津贴按照职工所在用人单位上年度职工月平均工资计发。

根据《社会保险法》规定，用人单位已经缴纳生育保险费的，其职工享受生育保险待遇；职工未就业配偶按照国家规定享受生育医疗费用待遇。所需资金从生育保险基金中支付。

十八

法律援助法相关知识

286.法律援助工作应坚持的原则是什么？

法律援助，是国家建立的为经济困难公民和符合法定条件的其他当事人无偿提供法律咨询、代理、刑事辩护等法律服务的制度，是公共法律服务体系的组成部分。

《中华人民共和国法律援助法》（以下简称《法律援助法》）规定，法律援助工作坚持中国共产党领导，坚持以人民为中心，尊重和保障人权，遵循公开、公平、公正的原则，实行国家保障与社会参与相结合。

287.法律援助机构的设立及其职责有什么规定？

《法律援助法》规定，县级以上人民政府司法行政部门应当设立法律援助机构。法律援助机构负责组织实施法律援助工作，受理、审查法律援助申请，指派律师、基层法律服务工作者、法律援助志愿者等法律援助人员提供法律援助，支付法律援助补贴。

288.法律援助的形式有哪些？

《法律援助法》规定，法律援助机构可以组织法律援助人员依法提供下列形式的法律援助服务：

（1）法律咨询；

（2）代拟法律文书；

（3）刑事辩护与代理；

（4）民事案件、行政案件、国家赔偿案件的诉讼代理及非诉讼代理；

（5）值班律师法律帮助；

（6）劳动争议调解与仲裁代理；

（7）法律、法规、规章规定的其他形式。

289.申请刑事法律援助条件是什么？

《法律援助法》规定，刑事案件的犯罪嫌疑人、被告人因经济困难或者其他原因没有委托辩护人的，本人及其近亲属可以向法律援助机构申请法律援助。由此可见，申请刑事法律援助条件如下：

（1）法律援助的对象为刑事案件的犯罪嫌疑人、被告人；

（2）申请法律援助的原因为因经济困难或者其他原因没有委托辩护人；

（3）申请的主体为犯罪嫌疑人、被告人本人及其近亲属；

（4）向法律援助机构提出申请。

《法律援助法》规定，刑事案件的犯罪嫌疑人、被告人属于下列人员之一，没有委托辩护人的，人民法院、人民检察院、公安机关应当通知法律援助机构指派律师担任辩护人：

（1）未成年人；

（2）视力、听力、言语残疾人；

（3）不能完全辨认自己行为的成年人；

（4）可能被判处无期徒刑、死刑的人；

（5）申请法律援助的死刑复核案件被告人；

（6）缺席审判案件的被告人；

（7）法律法规规定的其他人员。

其他适用普通程序审理的刑事案件，被告人没有委托辩护人的，人民法院可以通知法律援助机构指派律师担任辩护人。

290.哪些事项的当事人，因经济困难没有委托代理人的，可以向法律援助机构申请法律援助？

《法律援助法》规定，下列事项的当事人，因经济困难没有委托代理人的，可以向法律援助机构申请法律援助：

（1）依法请求国家赔偿；

（2）请求给予社会保险待遇或者社会救助；

（3）请求发给抚恤金；

（4）请求给付赡养费、抚养费、扶养费；

（5）请求确认劳动关系或者支付劳动报酬；

（6）请求认定公民无民事行为能力或者限制民事行为能力；

（7）请求工伤事故、交通事故、食品药品安全事故、医疗事故人身损害赔偿；

（8）请求环境污染、生态破坏损害赔偿；

（9）法律、法规、规章规定的其他情形。

有下列情形之一，当事人申请法律援助的，不受经济困难条件的限制：

（1）英雄烈士近亲属为维护英雄烈士的人格权益；

（2）因见义勇为行为主张相关民事权益；

（3）再审改判无罪请求国家赔偿；

（4）遭受虐待、遗弃或者家庭暴力的受害人主张相关权益；

（5）法律、法规、规章规定的其他情形。

291.哪些法律援助申请人可以免予核查经济困难状况？

法律援助申请人有材料证明属于下列人员之一的，免予核查经济困难状况：

（1）无固定生活来源的未成年人、老年人、残疾人等特定群体；

（2）社会救助、司法救助或者优抚对象；

（3）申请支付劳动报酬或者请求工伤事故人身损害赔偿的进城务工人员；

（4）法律、法规、规章规定的其他人员。

十九

劳动争议调解仲裁法相关知识

292.劳动争议有哪些特点？

劳动争议，也称"劳动纠纷""劳资争议"，是指用人单位和劳动者在执行劳动方面的法律、法规和劳动合同、集体合同的过程中，因劳动的权利义务发生分歧而引起的争议。劳动争议有以下特点：

（1）劳动争议的主体是特定的，即劳动关系双方当事人，一方是用人单位，另一方是劳动者，二者之间形成了劳动关系，因而所发生的争议称为劳动争议；

（2）劳动争议的内容是特定的，即必须是因为执行劳动法律、法规或者订立、履行、变更、解除和终止劳动合同而引起的争议；

（3）处理劳动争议适用的法律是特定的，即必须依照劳动法律法规来处理劳动争议；

（4）劳动争议既可以表现为非对抗性矛盾，也可以表现为对抗性矛盾，而且，两者在一定条件下可以相互转化。

293.劳动争议调解仲裁法的适用范围是什么？

《中华人民共和国劳动争议调解仲裁法》（以下简称《劳动争议调解仲裁法》）规定，中华人民共和国境内的用人单位与劳动者发生的下列劳动争议，适用本法：

（1）因确认劳动关系发生的争议；

（2）因订立、履行、变更、解除和终止劳动合同发生的争议；

（3）因除名、辞退和辞职、离职发生的争议；

（4）因工作时间、休息休假、社会保险、福利、培训以及劳动保护发生的争议；

（5）因劳动报酬、工伤医疗费、经济补偿或者赔偿金等发生的争议；

（6）法律、法规规定的其他劳动争议。

294.劳动争议处理的原则和基本方式是什么？

《劳动争议调解仲裁法》规定："解决劳动争议，应当根据事实，遵循合法、公正、及时、着重调解的原则，依法保护当事人的合法权益。"

根据《劳动争议调解仲裁法》规定，我国劳动争议处理的基本方式有4种。

（1）协商。通过协商方式自行和解，是双方当事人应首先选择解决争议的途径。《劳动争议调解仲裁法》第4条规定："发生劳动争议，劳动者可以与用人单位协商，也可以请工会或者第三方共同与用人单位协商，达成和解协议。"

（2）调解。是指双方当事人可以选择向劳动争议调解委员会申请调解的处理方式。发生劳动争议，当事人不愿协商、协商不成或者达成和解协议后不履行的，可以向调解组织申请调解。

（3）仲裁。若经调解组织调解，双方达不成协议，当事人一方或双方均可向当地劳动争议仲裁委员会申诉。当事人也可以不经调解组织处理而直接申请仲裁。根据《劳动争议调解仲裁法》规定，当事人不愿调解、调解不成或者达成调解协议后不履行的，可以向劳动争议仲裁委员会申请仲裁。

（4）诉讼。《劳动争议调解仲裁法》规定，对仲裁裁决不服的，除本法另有规定的外，可以向人民法院提起诉讼。目前法院是由民事审判庭依据民事诉讼程序对劳动争议案件进行审理，实行两审终审制。法院审判是处理劳动争议的最终程序。

295.劳动争议调解组织有哪些?

《劳动争议调解仲裁法》第10条规定："发生劳动争议，当事人可以到下列调解组织申请调解：（一）企业劳动争议调解委员会；（二）依法设立的基层人民调解组织；（三）在乡镇、街道设立的具有劳动争议调解职能的组织。"由此可以看出，我国劳动争议调解组织有以下3种。

（1）企业劳动争议调解委员会。企业劳动争议调解委员会由职工代表和企业代表组成。职工代表由工会成员担任或者由全体职工推举产生，企业代表由企业负责人指定。企业劳动争议调解委员会主任由工会成员或者双方推举的人员担任。

（2）依法设立的基层人民调解组织。基层人民调解组织是我国解决民间纠纷的组织。人民调解委员会是村民委员会和居民委员会下设的调解民间纠纷的群众性组织，在基层人民政府和基层人民法院指导下进行工作。

（3）在乡镇、街道设立的具有劳动争议调解职能的组织。如在乡镇、街道设立的劳动争议调解指导委员会。

296.企业劳动争议调解委员会的职责是什么？

企业劳动争议调解委员会职责是：

（1）宣传劳动保障法律、法规和政策；

（2）对本企业发生的劳动争议进行调解；

（3）监督和解协议、调解协议的履行；

（4）聘任、解聘和管理调解员；

（5）参与协调履行劳动合同、集体合同、执行企业劳动规章制度等方面出现的问题；

（6）参与研究涉及劳动者切身利益的重大方案；

（7）协助企业建立劳动争议预防预警机制。

《劳动争议调解仲裁法》规定，经调解达成协议的，应当制作调解协议书。调解协议书由双方当事人签名或者盖章，经调解员签名并加盖调解组织印章后生效，对双方当事人具有约束力，当事人应当履行。

自劳动争议调解组织收到调解申请之日起 15 日内未达成调解协议的，当事人可以依法申请仲裁。达成调解协议后，一方当事人在协议约定期限内不履行调解协议的，另一方当事人可以依法申请仲裁。

因支付拖欠劳动报酬、工伤医疗费、经济补偿或者赔偿金事项达成调解协议，用人单位在协议约定期限内不履行的，劳动者可以持调解协议书依法向人民法院申请支付令。人民法院应当依法发出支付令。

297.劳动争议仲裁委员会应当如何设立？其职责是什么？

《劳动争议调解仲裁法》规定，劳动争议仲裁委员会按照统筹规划、合理布局和适应实际需要的原则设立。省、自治区人民政府可以决定在市、县设立；直辖市人民政府可以决定在区、县设立。直辖市、设区的市也可以设立 1 个或者若干个劳动争议仲裁委员会。劳动争议仲裁委员会不按行政区划层层设立。

劳动争议仲裁委员会由劳动行政部门代表、工会代表和企业方面代表组成。劳动争议仲裁委员会组成人员应当是单数。

根据《劳动争议调解仲裁法》规定，劳动争议仲裁委员会依法履行下列职责：

（1）聘任、解聘专职或者兼职仲裁员；

（2）受理劳动争议案件；

（3）讨论重大或者疑难的劳动争议案件；

（4）对仲裁活动进行监督。

劳动争议仲裁委员会下设办事机构，负责办理劳动争议仲裁委员会的日常工作。

《劳动争议调解仲裁法》规定，劳动争议仲裁委员会应当设仲裁员名册。仲裁员应当公道正派并符合下列条件之一：

（1）曾任审判员的；

（2）从事法律研究、教学工作并具有中级以上职称的；

（3）具有法律知识、从事人力资源管理或者工会等专业工作满 5 年的；

（4）律师执业满 3 年的。

298.如何申请劳动争议仲裁？

劳动争议由劳动合同履行地或者用人单位所在地的劳动争议仲裁委员会管辖。双方当事人分别向劳动合同履行地和用人单位所在地的劳动争议仲裁委员会申请仲裁的，由劳动合同履行地的劳动争议仲裁委员会管辖。

关于仲裁时效，《劳动争议调解仲裁法》规定：劳动争议申请仲裁的时效期间为 1 年。仲裁时效期间从当事人知道或者应当知道其权利被侵害之日起计算。前款规定的仲裁时效，因当事人一方向对方当事人主张权利，或者向有关部门请求权利救济，或者对方当事人同意履行义务而中断。从中断时起，仲裁时效期间重新计算。因不可抗力或者有其他正当理由，当事人不能在本条第 1 款规定的仲裁时效期间申请仲裁的，仲裁时效中止。从中止时效的原因消除之日起，仲裁时效期间继续计算。劳动关系存续期间因拖欠劳动报酬发生争议的，劳动者申请仲裁不受本条第 1 款规定的仲裁时效期间的限制；但是，劳动关系终止的，应当自劳动关系终止之日起 1 年内提出。

申请人申请仲裁应当提交书面仲裁申请，仲裁申请书应当载明下列事项：

（1）劳动者的姓名、性别、年龄、职业、工作单位和住所，用人单位的名称、住所和法定代表人或者主要负责人的姓名、职务；

（2）仲裁请求和所根据的事实、理由；

（3）证据和证据来源、证人姓名和住所。

书写仲裁申请确有困难的，可以口头申请，由劳动争议仲裁委员会记入笔录，并告知对方当事人。

299.仲裁庭的仲裁期限是多长？

仲裁庭裁决劳动争议案件，应当自劳动争议仲裁委员会受理仲裁申请之日起 45 日内结束。案情复杂需要延期的，经劳动争议仲裁委员会主任批准，可以延期并书面通知当事人，但是延长期限不得超过 15 日。逾期未作出仲裁裁决的，当事人可以就该劳动争议事项向人民法院提起诉讼。

仲裁庭裁决劳动争议案件时，其中一部分事实已经清楚，可以就该部分先行裁决。

300.劳动者对仲裁裁决不服的，可以向人民法院起诉吗？

《劳动争议调解仲裁法》规定，当事人对发生法律效力的调解书、裁决书，应当依照规定的期限履行。一方当事人逾期不履行的，另一方当事人可以依照民事诉讼法的有关规定向人民法院申请执行。受理申请的人民法院应当依法执行。

根据《劳动争议调解仲裁法》规定，劳动者对仲裁裁决不服的，可以自收到仲裁裁决书之日起 15 日内向人民法院提起诉讼；期满不起诉的，裁决书发生法律效力。

参 考 书 目

[1]《中华人民共和国民法典》（2020年5月28日第十三届全国人民代表大会第三次会议通过）本书中简称《民法典》

[2]《中华人民共和国公司法》（根据2018年10月26日第十三届全国人民代表大会常务委员会第六次会议《关于修改〈中华人民共和国公司法〉的决定》第四次修正）本书中简称《公司法》

[3]《中华人民共和国食品安全法》（根据2021年4月29日第十三届全国人民代表大会常务委员会第二十八次会议《关于修改〈中华人民共和国道路交通安全法〉等八部法律的决定》第二次修正）本书中简称《食品安全法》

[4]《中华人民共和国劳动法》（根据2018年12月29日第十三届全国人民代表大会常务委员会第七次会议《关于修改〈中华人民共和国劳动法〉等七部法律的决定》第二次修正）本书中简称《劳动法》

[5]《中华人民共和国工会法》（根据2021年12月24日第十三届全国人民代表大会常务委员会第三十二次会议《关于修改〈中华人民共和国工会法〉的决定》第三次修正）本书中简称《工会法》

[6]《中华人民共和国就业促进法》（根据2015年4月24日第十二届全国人民代表大会常务委员会第十四次会议《关于修改〈中华人民共和国电力法〉等六部法律的决定》修正）本书中简称《就业促进法》

[7]《中华人民共和国职业病防治法》（根据2018年12月29日第

十三届全国人民代表大会常务委员会第七次会议《关于修改〈中华人民共和国劳动法〉等七部法律的决定》第四次修正）本书中简称《职业病防治法》

[8]《中华人民共和国妇女权益保障法》（2022 年 10 月 30 日第十三届全国人民代表大会常务委员会第三十七次会议修订）本书中简称《妇女权益保障法》

[9]《中华人民共和国宪法》（2018 年修正文本）本书中简称《宪法》

[10]《中华人民共和国民族区域自治法》（根据 2001 年 2 月 28 日第九届全国人民代表大会常务委员会第二十次会议《关于修改〈中华人民共和国民族区域自治法〉的决定》修正）

[11]《中华人民共和国立法法》（根据 2023 年 3 月 13 日第十四届全国人民代表大会第一次会议《关于修改〈中华人民共和国立法法〉的决定》第二次修正）本书中简称《立法法》

[12]《中华人民共和国刑法》（2020 年 12 月 26 日第十三届全国人民代表大会常务委员会第二十四次会议通过的《中华人民共和国刑法修正案（十一）》修正）本书中简称《刑法》

[13]《中华人民共和国行政许可法》（根据 2019 年 4 月 23 日第十三届全国人民代表大会常务委员会第十次会议《关于修改〈中华人民共和国建筑法〉等八部法律的决定》修正）

[14]《中华人民共和国行政复议法》（2023 年 9 月 1 日第十四届全国人民代表大会常务委员会第五次会议修订 2024 年 1 月 1 日生效）本书中简称《行政复议法》

[15]《中华人民共和国消费者权益保护法》（根据 2013 年 10 月 25 日第十二届全国人民代表大会常务委员会第五次会议《关于修改〈中华人民共和国消费者权益保护法〉的决定》第二次修正）

［16］《中华人民共和国广告法》（根据 2021 年 4 月 29 日第十三届全国人民代表大会常务委员会第二十八次会议《关于修改〈中华人民共和国道路交通安全法〉等八部法律的决定》第二次修正）本书中简称《广告法》

［17］《工会会员会籍管理办法》（中华全国总工会 2016 年 12 月 12 日发）

［18］《中国工会章程》中国工会第十八次全国代表大会部分修改，2023 年 10 月 12 日通过

［19］《企业工会工作条例》（2006 年 12 月 11 日中华全国总工会第十四届执行委员会第四次全体会议通过）

［20］《中华人民共和国残疾人保障法》（根据 2018 年 10 月 26 日第十三届全国人民代表大会常务委员会第六次会议《关于修改〈中华人民共和国野生动物保护法〉等十五部法律的决定》修正）

［21］《残疾人就业条例》（2007 年 2 月 14 日国务院第 169 次常务会议通过 2007 年 2 月 25 日中华人民共和国国务院令第 488 号公布自 2007 年 5 月 1 日起施行）

［22］《中华人民共和国劳动合同法》（根据 2012 年 12 月 28 日第十一届全国人民代表大会常务委员会第三十次会议《关于修改〈中华人民共和国劳动合同法〉的决定》修正）本书中简称《劳动合同法》

［23］《中华人民共和国职业教育法》（2022 年 4 月 20 日第十三届全国人民代表大会常务委员会第三十四次会议修订）本书中简称《职业教育法》

［24］《中华人民共和国安全生产法》（根据 2021 年 6 月 10 日第十三届全国人民代表大会常务委员会第二十九次会议《关于修改〈中华人民共和国安全生产法〉的决定》第三次修正）本书中简称《安全生产法》

［25］《女职工劳动保护特别规定》（2012 年 4 月 18 日国务院第 200 次常务会议通过 2012 年 4 月 28 日中华人民共和国国务院令第 619 号公布自公布之日起施行）

［26］《工会女职工委员会工作条例》（2019 年 2 月 27 日全国总工会第七届女职工委员会第一次会议修订）

［27］《企业民主管理规定》（中共中央纪委、中共中央组织部、国务院国有资产监督管理委员会、监察部、中华全国总工会、中华全国工商业联合会于 2012 年 2 月 13 日印发）

［28］《中华人民共和国社会保险法》（根据 2018 年 12 月 29 日第十三届全国人民代表大会常务委员会第七次会议《关于修改〈中华人民共和国社会保险法〉的决定》修正）本书中简称《社会保险法》

［29］《中华人民共和国法律援助法》（2021 年 8 月 20 日第十三届全国人民代表大会常务委员会第三十次会议通过）本书中简称《法律援助法》

［30］《中华人民共和国劳动争议调解仲裁法》（2007 年 12 月 29 日第十届全国人民代表大会常务委员会第三十一次会议通过）本书中简称《劳动争议调解仲裁法》